加爾默羅靈修

凡尋求天主，深感除天主外，
心靈無法尋獲安息和滿足的人，
會被吸引，進入加爾默羅曠野。

星火文化

愛，永遠不會滿足

學習聖十字若望靈修的最佳指引

聖十字若望靈修研究權威
費德立克·路易斯·沙爾華多神父
Fr. Frederico Ruiz Salvador, OCD◎著
加爾默羅聖衣會◎譯

愛，永遠不會滿足

學習聖十字若望靈修的最佳指引

CONTENTS 目錄

CONTENTS 目錄

推薦序一

轟轟烈烈的愛

台大哲學系　關永中教授

有位篤信佛教的學生，在選修過聖十字若望神祕學課程後，自然而然地向不同宗教背景的朋友們分享道：「基督信徒的靈修，在乎與上主談一場轟轟烈烈的戀愛。」乍聽之下，他們似乎有點錯愕，向來活在渡眾生、證真如、得上智的東方傳統脈絡下，好似不容易一下子調息過來作考量。但漸而終能體認到，那生生不息的大化流行及其造化，可被濃縮為一個「愛」字；這點恰好被聖十字若望的著作所點化。

然而，要研究聖十字若望的著作，須先閱讀他的詩作；要閱讀他的詩，須先了解他的人。他的學理全然引申自他的詩句；他的詩句全然孕育自他的生平。固然，人物傳記，可以華而不實，也可以質樸無文，唯獨路易斯神父所作的描述，卻剛剛恰到好處：談經歷則坦然交代，論生平則絲絲入扣，講理論則井然有序，評詩篇則入木三分。難能可貴的是：作者尤強調聖人之爲「愛的聖師」，他雖身如槁木，卻心懷愛火；讀其行文，恰如親見聖人風範。驟聞此書中譯出版，欣喜之餘，特此大力推薦，但願人手一本，以廣流傳。

推薦序二

密契的結合與信仰的提升

靜宜大學教育研究所助理教授
宮高德神父

本書的重點，是以淺顯易懂的文字，為我們論述一般人十分陌生的神祕主義，把信友的生活本質，從跟隨基督的靜態學理，轉化成在基督內生活的動態實踐，使人們深刻體驗到基督在我們內生活，「與基督結合」就是基督徒生活的極致和頂峰。

聖十字若望這位十六世紀最偉大的神祕學家，把神祕結合的經驗描述得淋漓盡致，也教導我們靈性的覺醒，無論是漸悟或者頓悟，在心靈深處實質上覺察到自己為天主所愛、所屬，才能以皈依的行動把自己結合在天主內，正如聖保祿宗徒在《迦拉達人書》二章上，那句大家都能耳熟能詳的經典名言：「我生活已不是我生活，而是基督在我內生活」。

《若望福音》第十七章，全章短短的二十八節就是「神祕學」的泉源，若望宗徒在長久的「默觀祈禱」中，深刻體驗到耶穌救恩的豐盛，「願他們在我們內合而為一」、「就如我們原為一體一樣，我在他們內，祢在我內，使他們完全合而為一」，耶穌的自我祭獻犧牲，完成了天主的許諾和永恆神聖計畫。

在學理探討上，此種靈修被歸屬於「一體模式」類型，與「位格模式」有所區分。「一體模式」很富有東方靈修色彩，耶穌有亞洲人的血統，宣講天國的喜訊自然流露出傳統文化的思考特色。若望宗徒得到完整的天國啓示，給我們這麼清楚的傳授和描述，但是一般人卻對「默觀祈禱」幾乎沒有接觸過，經常因無知而忽略，更錯失這份教會靈修的瑰寶，無從珍惜而浪費了這份信仰上的資產。

「神祕學」是靈修神學的一部分，主要目的是把信仰上的神祕體驗和現象，做系統的架構講解和思路整合，給後學者較清楚的導引。從教父時期起，爲表達《聖經》中的奥祕含意，以及基督在聖事中的奥祕臨在，使人對天主有眞實的認識；並藉著默觀祈禱，經過感官的淨化與心靈光照，進而達到能完全與天主密切結合的境界。

有關人們對尋找天主、並體會天主旨意的向上之道，就是神祕神學，我們必須藉著無法言傳的默觀，才能獲得直接的認知；就如在《心靈的黑夜》第二卷第五章，聖十字若望提到：默觀就是神祕的神學，神學家也稱之爲隱密的智慧。聖多瑪斯說，此種智慧是天主藉其聖愛直接通傳傾注於人的靈魂。因此，十字若望教導我們，此種知識是與至高光明榮耀密切結合的果實，超越一切人間的智慧，絕對眞光明照人的靈魂，使其完全沉浸於天主的愛情海洋，高深浩瀚無可測量。

經由本書的講解，可以確定的是：神祕生活的體驗完全超越人的能力，天主直接和人的靈魂接觸，使人感受到祂的臨在，人只能感恩的接受，漸漸能加深「信望愛」三超德，讓人深受吸引而無法忘懷，體會到最深的平安愉悅、甘飴滿足，天主的親臨必能提升人的靈魂成長，由淺入深、由部分而整體、由短暫到連續、由偶然到永恆，攀登到「止於至善」進入「天人合一」之生命的圓融幸福。

從路易斯神父的講稿中，給我們揭露了聖十字若望的眞實生活體驗，使我們更加認識聖人明顯的超然物外和坐忘，以及多方的愛人熱誠，不斷的自我付出爲服事近人。聖人也熱愛軟弱的教會，即是基督的肢體，聖人的渴望承受痛苦和辛勞使人印象深刻，他也熱切地尋求人靈的皈依和聖化，讓我們看到「甘願為弟兄姊妹的利益而付出一切」的榜樣，只因聖人如此的收斂心神、全心擁有基督。

這本書經由新竹芎林上天之主隱修院的精心翻譯並出版，必定受到華語讀者的歡迎，為廣大渴求靈修成長的人們，打開了聖十字若望的生命內涵，有如一盞明燈，照亮在靈修路途中摸索前進的人，因而很樂意為之序。

推薦序三

那棵結實纍纍的美麗梨樹

呂玉貞

二〇一五年八月十四日，我和二位菲律賓朋友一起到西班牙的塞谷維亞，事先我們並沒有作任何觀光功課，我們是為聖師十字若望而去的，因為他的棺槨就在那裡。到了之後，我們才發現這是一座由河川、綠蔭、城堡所組成的美麗小山城，而且還是個頗負盛名的古城。

登上進堂的階梯時，首先映入眼簾的是，左側一棵結實纍纍的美麗梨樹，很是醒目。

聖師的靈柩就放在側殿，高高的放置在一塊大理石基台上，正前方有個祭台。當時是午後二時，正有一位年輕的神父在舉行聖祭，輔祭的是一位更年輕的執事，有二位教友參與彌撒。寧靜，正是當時的氛圍。

彌撒後，我靜坐於堂內，凝視著聖人的棺槨，雖已在這裡待了好一陣子了，但還是很難分辨眼前的是眞實？還是夢境？

二〇一三年七月，我在彰化靜山首次看到聖師十字若望的書，第一本閱讀的是《兩種心靈的黑夜》，他那驚人的信德及專注的眞愛，讓我不禁要問：「這是怎樣的一個人，竟可以如此看透眞相？心靈可以如此自由！」此後，我陸續閱讀了所有他和聖師大德蘭的相關書籍。

從書中得知，這是二位非常重視友誼的聖人，此後，我不管到那裡，行李中一定有他們二人的書，像與好友同行一樣；除了他們的教導提供了我旅程中不絕的靈性養分及心靈的提昇外，許多因他們的存在而帶來的驚喜，也總是在預料之外出現。

二〇一五年八月的西班牙朝聖之旅就是其一。原本只是暑期法國的短期進修，因朋友發現我熱愛二聖，而主動提出在聖女大德蘭誕生五百週年的禧年，陪我走一趟西班牙的朝聖之旅。

初到亞味拉已深夜，第二天清晨走出小旅館，走沒多久，仰頭看到建築物上的幾個大鳥巢，鳥巢之大前所未見。我馬上想到，十字若望在《攀登加爾默羅山》書中，談到來自壞習慣的小罪時，曾提到一個小鳥的譬喻，書上寫道：「小鳥被細線或粗線綁住，並沒有差別。因為，即使是細線，小鳥被困住，與綁在粗繩上完全一樣，小鳥無法掙脫細線，展翅高飛。細線較易掙斷，這是真的，然而，無論如何容易，不先掙斷，小鳥仍然不能飛翔。」（山1．

11・4）讀到這裡，當時我心頭曾掠過一個問號：「世上有那種粗繩、細繩都可綁住的『小鳥』嗎？」如今看到那宛如茅草屋大的鳥巢，我可以想像當年十字若望看著大鳥巢或飛翔的「小鳥」時，他心中惦記的，是如何協助一個被捆綁的靈魂，重獲他一再關注的心靈自由。

聖十字若望是教會聖師，也是著名的靈修大師，在此之前我雖然沒看過他的書，但他的教導卻是很早就已出現在我的信仰陶成中，只是當時教導我的人不一定提到他的名字；更可能的是，曾提到他的名字，但我因爲太陌生而沒印象。

在我學習祈禱的過程中，就不乏被教導：寧靜祈禱、信德祈禱、默觀祈禱；不要重視感覺、神慰，有，很好！感謝天主；沒有，天主一樣在；信仰不可依賴感覺……等等。因此，當我開始看十字若望的書時，發現有許多的概念是早就存在的、熟悉的，因此，共鳴不斷。

聖師十字若望的「以人爲中介」的教導，也影響我頗深。我從很早就被教導：生活中的重要決定或有疑慮的事，要請教明智而可信任的人。就如費德立克．路易斯神父在本書所提的「沒有得到人的肯定和證實，天主所賜予的神祕恩寵不會生效。」因爲聖師如是說：「天主不希望有人單憑自己，相信個人的經驗來自天主，或沒有透過教會或聖職人員，而確認或肯定它們。因為對這樣孤單者的心，天主不會賦予真理的明晰和確認。」（山2．22．11）

很慶幸最終可以接觸到聖師四大名著的中文新譯本：《攀登加爾默羅山》、《兩種心靈的黑夜》、《聖十字若望的靈歌》、《愛的活焰》（以上皆由星火文化出版），讓我對聖師的教導不再是片段，而是更詳細且完整。

在接觸聖師的中文譯本時，意外發現幾本非常可喜的小書，作者大多出自聖師聖十字若望和大德蘭的嫡傳——加爾默羅聖衣會的男、女會士。

英國依恩．瑪竇神父的《天主的撞擊》；日本奧村一郎神父的《祈禱的美麗境界》；英國瑪麗．麥克瑪修女的《走進倫敦諾丁丘的隱修院》（以上皆由星火文化出版）；還有出自西班牙會士的本書；台灣加爾默羅聖衣會修女來台史、訪談及其他資料，則收在林保寶先生編著的《用靜默，擁抱世界》（遠流出版社出版）。

身爲受惠者之一，我覺得必須一提的是，台灣加爾默羅聖衣會的修女們，爲了慶祝聖女大德蘭誕生五百週年，早在廿幾年前即著手翻譯她們會父、會母的著作。爲了更貼近原著，譯者甚至不惜下苦功修習西班牙文，此番用心確實也得到天主豐沛的降福；加上譯者自身得自加爾默羅的修行經驗，譯文順暢且深廣度兼具的靈修鉅著新譯本，經由星火文化出版，一本一本陸續在各地上架，不只是基督徒，就連一般國人都可近身接觸，讓四百多年前二聖的靈修經典、與他們當代男女弟子的熱誠與實踐，安靜的走進台灣社會人群中，甚至步入各處華人團體。

這些見證小書，雖然表述的風格各異、對象不同，相同的則是充盈著他們愛主的熱情和因愛人而生的福傳向度。

望著案上一系列二聖及相關的中文譯作，我彷彿又看到塞谷維亞那棵結實纍纍的美麗梨樹。

作者簡介

愛、知性和自由～加爾默羅靈修的使徒

赤足加爾默羅會 前總會長 Luis Aróstegui

一九三三年，費德立克．路易斯．沙爾華多神父（Federico Ruiz Salvador, OCD，以下簡稱路易斯神父）生於西班牙卡斯提，是聖女大德蘭和聖十字若望的同鄉。一九五〇年，十七歲時，在大德蘭的加爾默羅修會發聖願。一九五七年，廿四歲，被祝聖為神父。他是羅馬德蘭神學院的神學博士，羅馬聖經學院的聖經學碩士，並在奧地利的因斯布魯克（Innsbruck）專研信理神學。

畢生的活躍生活中，一直擔任羅馬德蘭神學院和普世母皇學院

（Regina Mundi Institute）的信理神學和靈修學的教授。他曾到過許多國家，有過無數的演講及工作坊，也是一位多產的作家，著作等身，發表過許多的文章。他從非常年輕時，就懷有無比的熱忱，專研並講解偉大的神祕家和靈修大師聖十字若望。

在德蘭神學院服務期間，擔任過不同的要職：*Ephemerides Carmeliticae*（現在是*Teresianum*）雜誌負責人、靈修學院院長、德蘭神學院的校長，直到二○○六年因病退休，安養於馬德里。

他的許多著作中，最重要的列舉如下：

(1) *Introducción a San Juan de la Cruz. El escritor, los escritos, el sistema.*（暫譯：《聖十字若望導讀：作者、著作、系統》）

(2) *Caminos del espíritu. Compendio de teología*

espiritual.（暫譯：《靈修之路：靈修學概論》）

(3) *Mistico y Maestro: San Juan de la Cruz*（暫譯：《神祕家與大師：聖十字若望》）

(4) *Dios Habla en la Noche.* 英譯本：*God speaks in the Night: Life of St. John of the Cross,*（Collaborative work conducted by authors Federico Ruiz and José Vicente Rodriguez）（暫譯：《天主在夜裡說話：聖十字若望的一生》）

(5) *San Juan De La Cruz Obras Completas.*（Revisión textual, introducciones y notas al texto: José Vicente Rodriguez Introducciones y notas doctrinales: Federico Ruiz Salvador).（《聖十字若望全集》）

在傳授聖十字若望方面，路易斯神父是最博學的一位，可說是本會的權威學者。藉著專研聖師的學說，他致力於啓迪人的奧祕，仰賴這位聖人的幫助，努力徹入福音訊息的深處。的確，聖十字若望的熱切願望是，去認識，也讓人認識耶穌，這位基督——為了與天主結合，應該瞭解基督的門與道路的奧祕。（山2·7·11）只要注視祂，你會認出，隱藏在祂內最深的奧祕、智慧及天主的奇工妙化。（山2·22·6）——聖十字若望對人的尊貴，滿懷讚賞，也對其靈性弊病的處境，滿懷同情，他溫良又誠摯地爲我們指出康復的道路。

本書作者路易斯神父在詮釋時，以客觀的準確性——最主要始於聖十字若望學說的核心知識——總是以聖人的聖德和人性生活來探究。綜觀他的著作，展現出他對靈修學史的淵博知識，藉此彰顯出聖十字若望這個人。他依靠這位加爾默羅聖會士的學說和經驗，努力回應今日世界的緊急需求和問題。因爲聖十字若望所教導的，不是什麼精英主義或異於常人的學說——他本人就是卑微者的兒子——，而是能在人們的生命中自然地發生，甚至，往往是覺察不出來的。就是這麼的非凡，又這麼的平凡，如同耶穌的福音。

路易斯神父採用的，絕不是外在簡便的彙集，而是從精細的解析中，徹知聖十字若望所有的措辭用語，探求根本的答案。作者至極誠摯的研讀，使他的詮釋備受推崇。因此，他不只是一位專家學者，也是一位大師。

專研聖十字若望時，路易斯神父辨識出所有衍用的傳統觀念，也建立了聖人的學說體系，這是出於他對系統的喜愛，也可能爲了教學上的清晰。因此，他以這位神祕思想家（聖十字若望）所說的話語爲基礎，凸顯了此一學說體系的眞實、靈活和有成效的連貫性。

人性的學識引導聖十字若望，看出淨化的必要，或者，換句話說，需要從內在，從個人的自由意志得到醫治。同時，無可言喻地，最主要的，他懷有單純的信德，相信天主對人的愛。天主的愛隱藏在人存有的極深處，正是祂，使治療的淨化起了作用：「靈魂的健康是天主的愛。」（靈歌11．11）

在路易斯神父方面，他呈顯出來的，不只是學者的興趣，而是他對聖十字若望的愛，這一份滲透的摯情，使他懷有親密的信賴、自由和靈心的相通，詮釋聖十字若望、會父與靈修大師的基本訊息。本書作者寫作的特色是：愛、知性的嚴密和自由。

前言

本書是西班牙籍的加爾默羅會士費德立克．路易斯．沙爾華多神父（P. Federico Ruiz Salvador, OCD）主講的避靜道理，他是本會聖十字若望的權威學者。他於一九八八年夏天應邀前往德國，為加爾默羅隱修院講退省，以西班牙文主講，由當地的加爾默羅會省會長口述譯成德文。修女們將錄音帶及筆記寄給英國達靈頓加爾默羅隱修院，該院修女將所得的資料，加以整理譯成英文而出版。中譯本即是按此英文版翻譯的。

第一章
聖十字若望是誰？

聖十字若望在今日以一種驚人的方式被重新發現。眞是這樣，不只在修會，而且是整個教會，甚至連教會外的各式團體，還有非基督信仰的人士。他被視爲尋求生命更深特質與意義的嚮導。

身爲加爾默羅會兄弟姊妹的我們，想到他是我們當中的一位，這是個很大的喜樂。那麼，重要的是，我們要自問，是什麼引導這位聖人進入修會，以及他如何度修會的生活。這個問題的答案也會幫助我們了解他的著作。然而，回答這個問題卻不是件簡單的事。他不像亞味拉的聖女大德蘭，或里修的聖女小德蘭，因爲他沒有寫所謂「自傳」的書。在著作中，他也從不談自己。許多沒有留下的記錄，對今日的我們來說，那是非常重要的。還有一些寫下的東西，後來也被損毀了。不過，這份靜默和沉靜，反而完整地保持了聖十字若望的特質，及他整個生命的意涵：這是他內在靜默的一個面向。

教人讀書寫字，而非神魂超拔

若望早年經由二條途徑接受陶成和教育：照護病人，及求學於撒拉曼加大學（Salamanca University）。他走向加爾默羅會的路並不是平坦大道。因爲先有醫院神職，後有耶穌會士都想拉攏他。四年求學時期過後，若望陷入一個危機。他在撒拉曼加大學中全神貫注研讀功課，覺得所學的神學理論和實際生活格格不入。當若望會晤聖女大德蘭時，他正面臨轉入加杜仙會（Carthusians）的心境。聖女大德蘭認爲，他可在革新的加爾默羅會中尋獲心靈所渴慕的，便勸服了若望繼續留在加爾默羅會。

由於我們對他的傳記所知甚少，我們易於聯想若望是個專業作家，這完全是誤解。他在修會內和會士們共度眞正的團體生活。他尋求與努力度默觀生活的人交往，他的著作無非是這個修行的流露。因此，他的靈修生活包含全部的因素：默觀、團體生活、教導、操作、獨居和展望遠方傳教。若望完全深入加爾默羅會生活的各個幅度。他不僅富於才幹，也常隨時待命爲人服務，不僅講道理和聽神功時如此，連在花園和建築工地時，也抱持相同的態度。他正是我們今日所謂的完全付出、隨時待命、腳踏實地和接近生命的人，他的著作正是從這樣的生命抒發出來的。他確實特別關心他所認識的人，即具體的人。他沒有帶領他們進入神祕主義的神魂超拔，卻常常只教導教會的要理，例如接待身分卑微的人，他也教他們讀書寫字。

姊妹比弟兄更懂他

我們的會父，聖十字若望，是**德蘭革新修會的父親、老師和嚮**

導。他是會母所信任的人，但他從未做過會母的長上。終其一生，甚至位居省會長時，仍有上司凌駕他。我們幾乎無法稱他是赤足加爾默羅會的協創者——這名稱其實更適於組織管理革新修會的古嵐清（Jerónimo Gracían Dantisco）——但若望是修會的告解神師、靈修嚮導、陶成者和指導者，他是加爾默羅會精神的喚醒者。由此觀之，他理當被尊爲會父。他甚至稱聖女大德蘭爲「我的女兒」，雖然會母比他年長許多；會母也說若望是「我靈魂的父親」。若望也稱聖女大德蘭爲「我們的會母德蘭」。

每當若望接受任職，他便使之成爲靈修陶成和指導。他擅長口授教導。他的神恩是交談、對話。他善於長時間聆聽。他的回答來自親身經驗，絕非由書本而來，因而給人確信，產生力量和果實。爲這種交談，他常預備好隨時被打擾。另一方面，他總不推辭普通的日常工作。有次他擔任某會院的院長，該院前五任院長致力於供應用水卻毫無成效，若望僅建造一導水管即告功成。在他的價值層次中，寫作確實居於最末。我們真幸運，他竟然寫了些東西，且流傳至今。像這樣的作者，即今日所謂的「神祕家」。

作爲靈修生活的老師，無疑地，十字若望和赤足加爾默羅會隱修女有極靠近的關係。早年，他的同會弟兄幾乎將他逐出修會；透過修女們的協助，他得以繼續留在會中，且茁壯深入修會。我們已提過聖女大德蘭和她的影響。且有數位院長姆姆以財物資助他成爲革新加爾默羅會士。托利多（Toledo）脫險後，加爾默羅會隱修女庇護他，照顧他的健康。珍視愛惜若望著作的也是她們，並予以出版。至於若望，他偏愛關照修女們的靈修。在降生隱院任告解神師時，他陶成了整個團體。脫離監獄後，托利多修女們首先聽到他的詩。他與貝雅斯（Beas）、革拉納達（Granada）、塞谷維亞（Segovia）三地的修女有很溫暖的關係。他和加爾默羅隱修女的相遇，不斷賦予他靈感。甚至現今時代，當聖若望仍極度不被同會兄弟熟知時，依然是修女們瞭解他、認識他且奉他為導師，如里修聖女小德蘭、狄榮的聖三麗沙（Elizabeth of Dijon）、艾笛・思坦（Edith Stein）。

但十字若望仍繼續地不被瞭解。他的作品給人的印象是枯燥和沒有人情味；它們有些太難、太神祕了。（如果十字若望描述自己身體、心靈、神祕的經驗，他勢必成為今日的暢銷書作家……！）這一切是聖人靜默的一面。他確信凡內在經驗的事都有意義，並造成人從未覺察的外在效果。他不認為自己投身於某事是「為了什麼……」；他沒有「為了作見證」或「為了給人標記」，而力圖做個會士和神祕家。與基督同處的生活本身即是見證和標記。在他看來，書寫記錄是非常次要的事。若望和耶穌・安納姆姆（M. Ana de Jesus）之間連繫著很深的信任和友誼關係。如果安納姆姆選擇講述彼此的關係，今日的她必是若望聖師內在生活的**特優見證人**。但她選擇了靜默；也許她必須給若望這個許諾。

他書寫祈禱，不是寫書

聖若望的著作應被視爲他在修會中口述教導的延續。他自己認爲寫作本身居於其價值表的末位，但他已有良好的準備從事論著。若望的文化涵養普遍廣泛，非常完整，又獲益於他在藝術和護理上有過多方經歷。他在撒拉曼加接受了極好的教育。個人的豐富經驗、修會十二年的教導和牧靈工作，使他尚未著手著作時已獲得完整豐富的陶成。他並非以教育學的觀點寫作，他的論述是他內心經驗的迸發；他的著作可謂聖三光榮頌，意即獻給天主的著作，不是爲發表，也不是爲了人而寫的。這是祈禱的書，而不是關於祈禱的書——或至少可說二者兼有。

一九二六年，聖十字若望被宣封爲**教會聖師**。大約二十至二十五年前，關於聖十字若望該被稱爲教會聖師或本會導師，曾掀起一場爭論。若望確實未曾寫下任何加爾默羅會生活的論著，也不曾註解《會規》或《會憲》。他同樣沒有論述其他的古典論題，如倫理道德、聖事、聖母學。由此可見，若望實在不合乎十六世紀的時潮。與他同世紀偉大的作家們業已逝世，停止著作。大德蘭亦然。當時西班牙文學作品中，有關靈修生活的著作，數量之多，遠遠超過合計一起的其他科學。若望不想重複別人已經說過的；反之，他有意補充其缺。他總是關心那最本質的。**他的大主題常是圓滿的基督徒人性生活**。他看加爾默羅會士，首先是天主的子女，而不是赤足加爾默羅會士，或禁地的隱修女。不過，他常以加爾默羅會士自居，寫給加爾默羅會士。他作詩題獻給他們。但他始終考慮到所有的基督徒；眾人都被邀請閱讀和品嘗他的書。最重要的，他希望在著作中教導人如何度三超德的生活。透過信德、望德和愛德，這是天主與人之間存在性的關係。

超德生活

這是聖人的一個創新主題。尤其，他寫了許多有關信德的事。某位現代專家曾說，只有馬丁·路德（Martin Luther）能與他比美。但若望說的是信德，而非信仰的眞理。他說的基督，是所相信的那位，是所愛的那位，是心愛的。他的神祕經驗是超德的生活。他相當保守，甚至懷疑神祕現象。聖女大德蘭逝世後，她的著作迅速流傳，她的個人神恩有被視爲加爾默羅會一般聖召的危險，傾向於製造奇特和感性的氣氛。若望必須緊急剎車。他的著作所深入的主題，可稱之爲「**祈禱是寧靜、以愛注視天主**」，當時這樣的論述不僅少有，且幾乎被視爲危險。

聖若望的著作分為三類

第一類是詩。開始時並無註解，很快地即被詠唱；時至今日，在西班牙常有新創作的樂曲配以原文詩（卡式錄音帶）。此外，若望寫了許多簡短、實際的格言，並註明「勤加閱讀」。第三是他的大論著：《攀登加爾默羅山》（*The Ascent of Mount Carmel*）、《黑夜》（*The Dark Night*）、《愛的活焰》（*The Living Flame of Love*）和《靈歌》（*The Spiritual Canticle*）。大部分是他的詩作的註解。

一六一八年，西班牙首次出版他的作品，書名《黑夜》。或許要歸因於這個事實，若望已被視爲哀傷和充滿痛苦的聖歌手，這特別和他的牢獄經驗有關。但若望不是在監獄中寫〈黑夜〉，他是在如花似錦的大自然、在明朗的天空下寫成〈黑夜〉。獄中寫的神祕愛情詩是〈靈歌〉。後來，聖人常以托利多的牢獄經驗作爲開玩笑的題材。例如，有一次他說，他被鞭打超過三十九下，因爲他不是羅馬公民①。他從未責備或抱怨苦待他的那些人。我們必須強調，同會兄弟加給他的九個月的牢獄生活，若望所經歷的實在不是黑暗時期。聖人自己說，〈靈歌〉是在天主的光照影響下，也是在愛情洋溢中寫成的。

聖若望的基本教導

若望給我們的基本教導是什麼？什麼是他精神遺產的基石？在

1. 聖保祿宗徒爲羅馬公民，受法律保障，鞭刑不得超過四十下。

今日，**他對榮福聖三的思想，比他的實際教導更吸引人。**他常舉行特敬聖三的彌撒，有次他說：「聖三是天堂上最大的聖者。」我們也該提及他特別敬愛聖母。最重要的，**他教導人如何將整個生命導向默觀。**藉本性、陶成及恩寵的引導，若望是一位完全的默觀者。對他而言，**默觀不是某個祈禱境界，而是根本又全方位地接納他的生命**，就是有能力時常注視天主的聖容；在痛苦中注視，但不只痛苦時如此。對他而言，大自然的經驗和與人相遇，是很重要的方法。

第三，聖人留給我們的精神遺產，是善良的生活方式，散發慈善和謙虛的光輝。有次若望談及某位嚴苛的長上時說道：「在異教徒中，我們也能找到那種嚴厲。」當長上認爲應當處罰時，弟兄們應設法求情，使長上慈悲爲懷。由於若望的實際護理經驗，聖人常親自照顧修院中的病人，且充滿溫馨和歡喜。加爾默羅會生活方式的更深特質，若望視之爲**獨居的靜默、空間和時間，及在修會和教會內度團體生活。**

第二章
聖十字若望，被愛占有的人

一、愛的結合（unión de amor）

二、否定和棄絕（negación、renuncia）

三、靈修的進程（el proceso espiritual）

這三個主題實爲同一個主題，來自另二個主題：若望的生命進程和默觀經驗。前者是他的生命和工作的理想；其次表示愛的結合，即是默觀經驗。

被愛占有

在靈修的語詞中，常膚淺地使用「與主結合」這句話。但「與主結合」尚有更深、更基本的意義，因此，我們要在這裏探討一下。聖若望認爲，這不只是內在生命的進程，也是擁抱一個人整個的存在，即轉化的經驗。因此，我們必須了解，目擊證人告訴我們，若望常談論天主和神性的事理。對他而言，天主不是偶而聊聊的話題，天主是完全占有他的中心主題。

《攀登加爾默羅山》的開場白中，他說：

我想在此《攀登加爾默羅山》談論的所有道理，都包含在下列詩節中，其中涵蓋登上山頂的方法，山頂即是成全的最高境界，我們在此稱為「靈魂與天主的結合」。（山・主題）

在此處，我們必須注意二件事。聖人說「靈魂與天主結合」的意思，與一般所謂的「成全」完全相同。第二，在「靈魂與天主結合」的名義下，**他把我們所謂的發展超德生活、淨化、祈禱的旅程和道路全聚集一起**。整部《攀登加爾默羅山》專門探討這些主題。

為何聖人偏愛說「靈魂與天主結合」，而不說「成全」呢？因爲西班牙文中，「成全」這個字涉及的論題表示某一種境界，即成全的境界，而「與天主結合」則形容某一種關係，意指發生於雙方間的委順、愛。這也是《靈歌》中，聖若望之所以採用婚姻語詞的原因。

成爲默觀者的三個因素

我們所要談論的三要點，就是成爲默觀者的三個因素，這也是我們的目標。我們希望能簡潔陳述這三點。

聖十字若望從他最愛的《若望福音》十七章中，取出「**與天主結合**」作爲主題，此段經文論及與父結合，與門徒們結合。若望的目擊證人告訴我們，聖人能記誦這章《聖經》經文；當他和同伴一路同行時，他經常朗誦或詠唱這段經文。這眞有意思。我們知道他腦海中充滿的是什麼：與天主結合和彼此結合。根據這基礎，他建立了決定默觀生活的三個因素。在這裡，我們也須記住，現代作家所謂的默觀生活是什麼。**聖十字若望認為，默觀是天主對我們的最基本吸引，尋求天主，使信者的整個生命專注於一個追求，尋求與祂結合，而後也尋求與他人結合，與整個受造界結合。**

第一個因素：成爲教會。本篤會士勒克（Jean Leclerq）也曾寫過二、三本書論及這個主題。結合不是首先發生在靈魂與天主間，而是發生在基督內的教會（the Church-in-Christ）和天主之間。這是藉著基督，偕同基督而與教會結合，同樣也與個別的靈魂結合，與教會內每個人結合。今日，默觀上所強調的不是「爲」教會祈禱，卻強調「成爲」教會而祈禱。默觀者意識到他即是教會，他代表教會。經常不斷爲教會祈禱，存在著將自己置身於教會之外的危險；不過，當我們看自己是教會而祈禱時，這有置身家中

（inside-the-family）的感覺，正如家人爲家工作，同時也是家中的一員。所以，默觀生活植根於教會之內。可是，我們無須常意識凡所做的事都是爲教會而做，只要我們感到自己是教會內的成員即可。

第二個因素：默觀者的特徵是尋求天主，不斷尋求天主的聖容，處處尋找天主：「上主啊！我尋求祢的聖容！」一個人在所做、所經歷或所獲得的一切事中，渴望天主、思慕天主。

第三個因素：能全神貫注和超脫自己與萬物。聖十字若望能從人的失敗，及從一切怨恨的感受中超脫。牢獄的經驗揭示給他天主的神妙光榮和偉大。這應歸功於能度正確的超脫生活，使他的囚禁變成正向的經驗。凡散發燦爛光明的人，他們不再自我中心，已是自由無礙，且不貪戀任何事物。

捨棄得多，愛得更純粹

十字若望如此重視訓練我們達到這麼難的地步，即所謂的否定（*negación*）、棄絕、捨棄自己，這是為什麼呢？主要的理由是因為，不這樣的棄絕和否定自己，基督徒生活、祈禱生活和跟隨基督是不可能的。何以如此呢？因為祈禱時和天主交談，意指和我們無法用感官捕捉的那位交談：祂不能被看見、聽到或感覺。習慣棄絕我們對感官生活的貪戀，與天主交談自會變得容易和親密。這是合理的結果，因為當我們與天主交談時，必須拋開感官的憑據。為能進入信德的層次，我們必須脫離使用感官。聖人在詮釋〈靈歌〉首詩節中說：

心愛的，祢隱藏在哪裏？……千萬不要像許多愚蠢的人，按

照他們對天主的膚淺想法，認為當他們不理解祂，也沒有品嘗或感受祂時，天主就是在遙遠之處，和非常隱藏的。（靈歌1·12）

眞愛需要超越感官的限度

這必須在使用感官上有所訓練。從被釘的耶穌身上，我們明瞭，發展默觀生活需有自由的境界。眞正的愛人，無論他喜歡或不喜歡，無論溫馨或冰寒，無論處境如何，他必定時時在愛。若我們不能超脫所依賴的外在處境，我們的愛是局部的，且會只當環境如意時，我們才愛。聖人寫給科道瓦（Córdoba）的德蓮姆姆（M. Magdalen）②信中說：

2. 正是這位德蓮姆姆保存了聖十字若望手繪的＜登山圖＞，圖上寫著：「給我的女兒德蓮」。

要記住，人既沒有，也不感覺任何需求，除非他們願意自己的心順從這些需求……心具有如此的能力，即把萬物屈服於己心；他這樣做，因為渴望屈服於一無所有，且無所牽掛，好能在愛內更灼燃焚燒。（信17）

修女們此時在科道瓦建立新會院，遭逢暑熱、地方狹小、貧窮和種種勞累苦事。從這封信中，我們看見積極的一面，即所謂棄絕和否定自己的果實：自由無礙、不依賴外在的處境。

〈靈歌〉第三詩節中，聖人互相比較棄絕自己和眞情實愛。

真愛天主的靈魂，珍視她心愛的，遠超萬有，信賴祂的愛和幫助，不會感到難於說出：「野獸我不怕懼」，及「我要越過勇士和邊際」。（靈歌3．8）

在這裏，這個人無須捨棄自己：他已被心愛主吸引，並失去對其他一切的興趣。

既能克苦，也知享受

按照嚴格的字義，我們知道，聖人不是一位苦行者。他從不為補贖而行補贖，他處於聖保祿《致斐理伯書信》中形容的境界：「我知道受窮，也知道享受；在各樣事上，在各種處境中……我都得了祕訣。」（四章12節）克修有素的人不會經常尋求補贖，或把一切化為補贖。他深深注視吸引他的價值，不太留意其他事物。

人們可以說，聖十字若望不是太克苦自己的人，更好說，其他的事物在他的眼中消失了。革拉納達（Granada）的修士說，在餐桌上，他很愉快地享用別人送來的禮物。他自己用的很少，但他喜歡看弟兄們吃得津津有味。

耶穌會的建立者聖依納爵（St. Ignatius）是同樣克苦但又能享受事物的另一典範。居住芒萊撒（Manresa）時，他習慣某些日子不進食。到了羅馬任耶穌會總會長，他吃得很少，卻又怕院中弟兄感到也必須如此。會院中有以食量特大著稱的巴斯克（Basque）族弟兄，因此在餐廳裏，他安排其中之一坐在他身邊，對他說：「吃吧！像平常那樣吃，讓團體覺得自由自在，不要有人想必須和我一樣。」若望也喜歡選飯量特大的會士同坐。某目擊證人說，聖十字若望「**嚴以律己，寬以待人**」。正確領會棄絕之意，必不會銷毀我們的人性。

靈修生活的進程

現在我們要談論第三個主題：靈修生活的道路、過程，即達到轉化的旅程。我們可以發現，聖若望一生中毫無重覆的事，事事新鮮，日日不同。可以說，囚禁期間，三十六歲的他已是聖人。這期間，他寫下〈靈歌〉，即對天主的經驗及轉化的詩歌。此後，在培亞城（Baeza）、革拉納達、塞谷維亞、烏貝達的一切，凡此種種都是新鮮事，都是他的新經驗。我們發覺，每一階段中的他都是新人。轉化的結合是一條道路，包含整個人生，從開始到最末的一刻。

我們可在此注意聖人的一些語詞更換，這極有意思。首先，他很少使用「恩寵」（*gracia*）述說處於恩寵之境。基督文學中，這字的意思是靜態的。若望喜歡「愛」和「戀愛」，這字指示關係，活生生的相遇，而非境界。《靈歌》的標題中，他說：「本詩篇註解論及靈魂和基督新郎間愛的交往」，我們由此可知，他所論述的是愛的經驗，而非關於愛。

聖人更換的第二個字是「罪」；他不用這個字，因爲犯罪通常指陷入罪的境況。對若望而言，他的著作中沒有罪的境界，卻有一破壞力，就是驅策我們的「欲望」（*apetitos*）；這個字是更動態的表達法，不像罪所描述的是一境界。這字通常被譯爲「渴望」（desires），這是一個不當的翻譯。

按事情與情況決定速度的快慢

當會母聖女大德蘭希望他開始革新修會時，他在梅地納（Medina del Campo）提出的唯一條件是：快快！

(*dinamismo*)意即動力充沛。「好！只要不拖延，一切沒有問題。」那時他年方二十五，卻唯恐在進行修會革新前，他會太老！他急欲實現自己的生命，賦予生命意義。他在《愛的活焰》中說，天主很快預備某些靈魂，吸引他們投向祂。加爾默羅會中，年輕逝世的聖人有二十二歲的聖女德蘭麗達（St. Teresa Margaret）、二十四歲的聖女小德蘭、二十六歲的真福聖三麗沙。但我們頗感安慰的是，也有年紀較大的聖人。聖十字若望活到四十九歲，會母聖女大德蘭六十七歲。她已達祖母的高齡！（十六世紀的六十七歲相當於今日的九十九歲！）

我們可以說，這種速度心態是聖十字若望的特點。我們的意思不是指「著急」，而是他要「疾速地」賦予生命圓滿的意義。他常指出進行的直路，指出捷徑，好能以最快的時間達到目的。此速度因素並非意謂強調轉化過程中逐步漸進是不重要的。若望在《靈歌》中說：

在十字架上完成的這個結婚，不是現在我們要說的。……當天主賜給靈魂第一個恩寵時，就是在領洗時賜給每個人的。但是這個神婚是經由成全之路，除非很慢地逐步邁向目的，否則不會獲致。（靈歌23・6）

同樣是神婚，但要按靈魂的腳步，才能逐漸達到最後的境界。聖保祿同樣表示，他說：「你們已經是聖人，但仍須成爲聖人。」聖若望很急，因爲這是一個已獲得的恩賜，我們必須認眞地接納，以生活實現這個恩賜。然而在《黑夜》中，當他講論忿怒的罪宗時，他敘述想望一日成聖的人。

這些初學者在祈禱、愛近人和對待自己過失方面缺乏忍耐：

他們希望一日之內淨除瑕疵。他們不知道自己在想望什麼。他們毫無耐心等待天主，讓天主在祂願意時賜下所需的恩寵。（參閱夜1．5．3）

但是他立刻補充，以免懶惰的人過分認眞忍耐：

不過，有的人在渴望前進上卻耐心十足，天主多麼不願看到他們這麼有耐心！（夜1．5．3）

聖人在此兩極端間保持平衡。他指出，每天都必須充分利用，這是動態的一面；另一方面，我們也須了解，這過程需要時間。我們應恆心追求。《靈歌》中有段勸言，是很美的例子。我們在首詩節中讀到，靈魂滿懷不耐，渴望尋求心愛主；但在第二詩節，他對靈魂說，必須有所準備，長久等待。

不是任何的窮困和祈求，都達到滿全的程度，使得天主聽見它們，前去執行救助，而是要在天主眼中，等到適當的時候、時節和數目；那時經上說，天主看見並俯聽了它們，按照在《出谷記》中所見的，以色列子民遭受埃及人奴役的折磨，過了四百年後，天主對梅瑟說：「我已經看到我的百姓所受的痛苦，我要下去拯救他們。」（《出谷紀》三章7－8節）雖然天主一直都看到他們的痛苦。（靈歌2．4）

四百年來，他們一直祈禱嘆息。四百年後，天主說：「我已聽見你們！」天主必不會等我們四百年！這只是舉例說明急緩間的平衡情況。

今日，我們很容易說，從發隆重願的那一刻起，我們的修道生活就失去了像這樣的動力，這樣的急切。這向我們要求能夠自我評鑑，且終生如此實行。當我們幾乎尚未開始時，卻認爲已經結束了！（我們常說某初學生沒有修道生活的才能，沒有個性；可是，我們看看自己……）

從前總參議會開會討論驅逐古嵐清時，聖十字若望公開說：「如果你們要處罰古嵐清神父，你們也該處罰我。」這是靈魂的聖潔高貴，也是以非常清晰的方式表明意見。這是我們所謂的動力。

我們也很容易說，陶成期間、正式陶成是成長和靈修經驗的最佳時期。但未達二十七或二十八歲時，人通常不能瞭解絕對必須的工作是什麼，及在天主前和人前，他的責任是什麼。英年早逝的聖人例外，如聖女小德蘭。她已達完全的成熟。但若我們自以爲終身願一發，羽毛即已豐滿，我們的成長必會停頓。陶成期間未能瞭悟，現今又自覺已然告終！

上路，找尋天主

聖十字若望描述的靈修過程，其進展如下：《攀登加爾默羅山》是旅途，《黑夜》是旅途，《靈歌》是尋找。**若望使用的全是行動的象徵**。《愛的活焰》該是最後的階段，也轉化成期待永恆的光榮——這又是行動。聖人說：「愛永不滿足」。

我們必須進行的轉化是什麼呢？**第一個階段，在我們內建立超德的向度**，即以信德、望德和愛德為動機的生活，亦即與天主結合。但實際的經驗卻是，超德不會立即啓發道德行為，實踐倫理道德。**第二階段，才是道德生活的轉化**，即實踐倫理道德。**第三階段是心理向度**，包括情緒的生活。

有的人常祈禱，不但熱心，也愛情洋溢，但他們的行爲並未顯出收心斂神，他們分心走意。這例子指示這三種向度不需同時轉化。也有人有神祕經驗，可是卻發現他們的想像或思想無法安寧，他們不能專心凝神。會母聖女大德蘭即此一例。她不能作普通的默想。

區別此三向度是重要和極有益的：超德的向度＝與天主結合；道德的向度＝實際的德行；最後是心理的向度，擁抱我們情緒和感受的天地。再者，運用此區別於具體個人時，絕不可太死板。

二十世紀聖徒傳中，有個愛爾蘭的酒鬼，名叫馬特・泰伯（Matt Talbot），他列眞福品的案件已在進行中③。當他被所任職的工廠開除後，工廠的同伴起先給他錢喝酒。可是有一天，他們不再這樣做了。他滿懷怨恨回到家中，然而他卻歸化了。

3. 馬特・泰伯（1856~1926），教宗保祿六世於 1975 年封其爲眞福。雖然他目前還不是聖人，但已經被許多因酗酒而有成癮困擾的男女奉爲主保。

人的成長需要時間

可是，我們卻有這麼一個怪例：某人身繫鐵鏈，每天參加彌撒二十台；雖充滿強烈的意志和愛去行補贖，但只要他一上街，就會自動踏進酒店。因爲毫無意志力足以約束自己，於是他決定，離家時身上總不帶錢。雖然進入酒店，卻無法付錢，因此他就沒酒可喝。這樣他的束縛被解除了。這是很極端的例子：一方面眞有與天主結合的生活，另一方面，道德生活卻全然置之不顧。這是很極端的情形。然而從某些人身上，我們可以看出，對於靈修生活，我們不能立即要求一切，必須逐步漸進地發展。

梵諦岡第二次大公會議發表的《論大公主義法令》（*Unitatis Redintegratio*）聲明，即使人不能立即接受所有的信理，教會也能接納他們。在這方面，當問題涉及的是次要信理，而非聖三和降生奧蹟時，今日的教會比往昔心胸寬大得多。例如面對基督新教徒，聖母升天的信理可暫時擱置；那人會逐漸成長進入教會的信仰。對聖十字若望而言，這原則同樣適用於陶成的過程。應給時間讓人成長。聖十字若望逝世後編撰的聖人語錄中，厄里叟（Eliseus）神父說，他採用此一原則，要人以溫和的心急切地致力成全。實在從未見過，對於天主的事能一蹴即成的。

母親的愛是不強迫的勇氣

的確，聖十字若望是從天主的角度啓迪成全的全部路程。在《黑夜》的開始，他形容天主有如一位慈母，以乳餵養嬰兒，擁抱懷中，愛撫他。當孩子長大時，餵他吃飯，教他跑步……。

若瑟·文生神父（P. José Vicente）發現一則至今仍不爲人知

的小軼事。當若望只有幾個月大時，有一位小女孩與他分食母乳。她的母親必須以乳養賺取微薄的薪金。她眞是赤貧如洗，致使聖十字若望必須與另一位小孩分食奶水。小女孩的父親表示，所有婦女中，他最欣賞佳琳（Catalina），因爲她極有品德。他還特別給她小費，希望自己的小女兒也吸吮一些她的慈善美德。

多麼感人的小軼事！這位母親獨自養育孩子，肩負何等的重擔啊！聖十字若望形容天主好似溫柔的母親，我們認爲必定來自他對自己母親的反映。這是聖十字若望如何在著作中反映自己生活的一例；我們可稱之爲聖人的間接自傳。

我們談到天主的工作是逐步漸進的。聖人說：「天主尊重我們的腳步。」一般而言，天主從外在、多半有賴感官的地方著手，到了最後，則以超越感官的神祕向度取代。但天主是自由的，祂也可先賜予後來才會給的，或立即賜下一切。

不能以原則套人

這裏有一個聖十字若望特別留意的重要原則：我們絕不能把人擠入某系統內。有的人能如默觀者般祈禱，卻無法收斂心思。這樣的無能不該被誤認為沒有祈禱能力！天主引導他們走另一條路。目擊證人強調，十字若望對於尚未聆聽即滔滔不休的靈修指導者，深不以為然。因為發現天主如何在一個人身上工作是必須的。

最後，我重覆已說過的：靈修的道路上，急切希望前進和對個人須有的忍耐，**其間的平衡來自順從天主聖神和認真努力**。因為，如聖人所言，希望一蹴即成的初學者須有節制。等到了夜的第二部分時，他們需要被推動向前邁進。

第三章
他不教靈修學，他活出來

處於今日的我們實在幸運，因爲梵二大公會議採取聖十字若望的神學觀點，所以我們比往昔更能瞭解、解釋聖十字若望。《論司鐸之培養法令》（*Optatam Totitus*）第八條文，梵二大會說：

> 應該注意，靈修陶成不止於此（熱心神工），也不止於發展宗教情緒。修生更該學習按福音的準則生活，堅立於信德、望德、愛德，俾能藉此三德的實踐發展祈禱精神，為其聖召獲致力量和保障，強化其他德行，並增長為基督拯救人靈的神火。

這極合乎聖十字若望的教導。一九四〇～五〇年以前，神學界流行這樣的看法，認爲聖十字若望根本不是神學家，因爲他以三超德爲靈修學的全部根基。靈修學家則以倫理道德和聖神七恩爲靈修生活的基礎。自從一九六〇年起，聖十字若望被視爲靈修生活的神學家，因爲**他以三超德為靈魂和天主結合的基礎**。關於聖神七恩的教導，今日已稍減其重要性了。

至於聖神七恩，啓示和神學上的觀點主張什麼呢？傳統說，這些神恩是人必須具有特殊能力及特殊習性才能領受。聖神七恩並無改變，但今日不再有人主張以特殊的習性領受神恩。自此以後，聖十字若望搖身一變，成了大神學家，超群卓絕，因爲他主張**領受聖神七恩的完美途徑是三超德。**

爲何聖若望如是熱衷於超德呢？他將之視爲最完美合適的交往方式。信德一方面是天主的方法，祂經由信德對人說話；從人方面而言，信德是接受天主聖言的器官。因此，信德兼具主動和被動。聖人看到信德的這種雙重功能，因爲聖德、與天主結合是相互事件。倫理道德表示人的努力和實踐，藉此我們自獻於天主。超德主要是被動的，且來自天主，可是倫理道德來自我們。超德給予聖十字若望卓越的基礎，奠定神祕結合的觀念，從人這方面來說，係屬被動領受，但同時也是主動的。由此我們達到第二個論題。

聖十字若望的信德

我們要在此探討信德的雙重作用——主動和被動。我們可以有一個電話，我能說話而聽不到對方，或有一個收音機，只能聽而不能回答。然而，信德是雙向交往：接收和回答。

亞龍索神父（Alonso of the Mother of God）在塞谷維亞熟識聖十字若望，告訴我們**聖人的個人信德**。他說，凡聆聽他的人都讚美他，因為當他講論天主和信德奧蹟時，彷彿身歷其境，親眼目睹。**第二個見證是他的著作**，他常述說啓示和默觀之純眞確實的方法是信德。要緊的總是信德，而非產生的特殊超性效果。神慰和心靈的感受不能擔保全來自天主。

第三個見證是他的生活。顯然，他遭受迫害，處身黑暗時期，他什麼也沒有看見，但卻經驗了天主的親臨。在他彷彿無法繼續生存的時刻，信德使他能夠呼吸。我們可回想托利多的囚禁，及他生命末期被貶抑時的毀謗事件。我們能說，十字若望談論信德，首先經由他自己的默觀經驗，其次是他的生命經驗，最後才表露於著作中。

我們須記住，他講論信德並沒有護教之意，他不是要歸化或說服異教徒和無信仰者。他的對象是信德熱烈、願深入靈修生活的人。他所謂的軟弱、不成全，不是指無信仰者的，而是指願度熱心靈修生活者，換言之，即默觀者的軟弱和不成全。

卡拉瓦卡（Caravaca）的某修女告訴我們：「**他給我和其他修**

女的教導勸諭中，總是講論超德，尤其是信德。④」這是很有意思的說詞，使我們明白他如何教導修女們。我們已述說了，他以神師的身分，如何以信德之路引領被指導者。今日，超德這個主題仍很吸引人，因爲教宗若望保祿二世⑤以此作爲博士論文的題目。這是現今神學家熱愛的主題。我們說基督是信德的中介。梵二起草《天主的啓示憲章》時提及這事，我們知道，幾個主教團堅持這主題應按聖十字若望的解釋加以詳述。

按聖人的解釋，信德有三個向度：生活天主的奧祕；其次，接受啟示者的心態；第三，經由中介，傳達給我們信德。

信德的中心：天主的奧祕

若望最感親切，同時也是最中心的向度，當然是天主的奧祕。

4. *Biblioteca Mystica Carmelitana, Burgos*, 189,Vol. 14。這部《加爾默羅神祕家叢書》共有 21 卷。
5. 神父講避靜時，若望保祿二世爲當時的教宗。先教宗於二〇一四年封聖。

這也是教宗博士論文論述的向度。自從他寫這論文以來，這題目已有更深入的發展。

教宗若望保祿二世一九四八年完成他的博士論文，當時他二十七歲。一九七九年，此文從拉丁原文被譯成各國語言。某友善評論家說，此文之引人興趣，不是因爲文章的重要性，而是因爲作者當選爲教宗。這篇論文和今日思想的不同在此：寫此論文時，人們研究聖十字若望的信德，好似一個狀態、境界、黑暗的狀態；今日，研究聖十字若望的人，所關注的是信德的內涵，即生活天主的奧祕。

若望認爲信德的觀念極爲重要，因爲它擁抱所有信德生活的向度和情況。**默觀者的整個生命紮根並開放於天主內，並且這生命的深度和他擁有的天主的形像成正比。**如果他的天主觀是大的、活潑的和具體的，他會活得更有深度。如果他的天主觀晦暗不明，他的默觀生活會更膚淺。若天主對我們而言是生活的，是爲我們眞實存在的位格天主，那麼，我們在大自然中，在祈禱和痛苦時，在日常生活的事件中，和祂的相遇會更實在，更有力。

聖人在某處說，有的靈修人遇見天主有如在畫中。即使按人的層面，我們知道，看某人的畫像極不同於和他直接相遇交往。正是信德使之成爲可能。

有句典型名言，聖十字若望說：「天主是信德的實體，也是信德的概念（*concepto*）⑥，而信德是祕密和奥祕。」（靈歌1．10）**聖十字若望特別強調天主的超越性。**但這超越性並不意謂天主遠不可及。

天主超越我們的想像

6. 信德指向天主，沒有天主，沒有信德的實體和概念。

西班牙文「超越」一詞，意指無窮無盡，超越一切，豐盈無比，遠超概念。每當與主相會，我們在祂內遇見新的層面，新的內涵。祂真是無窮無盡，永無終窮。這是天主超越性的意義。

當聖十字若望說及天主的無限超越，他不只使用表示黑暗和黑夜的字眼；這會給人痛苦經驗的印象。他認為天主的超越性包含天主的無限慷慨。當祂賜恩時，祂的給予遠超過我們的想像所及；祂賜恩的大量超越我們的理解，遠超過所有期望。當天主施恩於祂所愛的人，祂的恩賜無可言喻。若我們不以此積極方式瞭解祂的超越性，我們會局限在消極的意義層面：一無所見、黑暗、痛苦、遙不可及。

聖人使用很有意思的組合文字，表達雙重涵意。他用二句語詞，一句表示天主的獨一性，另一句表達祂的慈愛寬仁、祂的親近。當他論及天主，他不會只說「無限」，因為無限暗示距離；他也不會只說溫柔，因爲這會使天主變小，縮小天主。

《靈歌》二十七詩節註釋，他說：「無限的天父」。他說出天主的偉大；但祂不只是無限，祂也是「天父」。〈信．23〉中，他說：「我們這位偉大的天主」；祂是偉大的，祂也是我們的。或他說，「我們擁有多麼偉大的天主」。靈魂純愛心禱的開端詞，他說「主天主，我心愛的」——這裏我們再次看到雙重涵意組合在一起。

最好的例子是《靈歌》二十七詩節註釋，說：

在此內在的結合中，天主以這麼真實的愛通傳自己給靈魂，竟至不是那溫柔撫慰自己孩子的母愛，不是兄弟之愛，也不是友誼之愛，能與之相比的。無限的天父以這麼溫柔和真實的愛，恩待和提拔這位謙虛和深情的靈魂，達到如此的地步，多麼奧妙的事啊！值得完全地敬畏和驚嘆！天父真的順從她，為了舉揚她，祂彷彿是她的僕人，而她是祂的主人。祂這麼殷勤恩待她，就好像祂是她的奴隸，而她是祂的天主；天主的謙虛和甜蜜是多麼的深奧啊！（靈歌27．1）

翻譯時，譯者須把握聖十字若望的完整思想，方能明瞭他的涵意。*dulcedo Dei*：甜蜜的天主，這是很難翻譯的詞句。聖十字若望使用 *tenura Dei*（溫柔的天主）時，他感到同樣的困難，因此，他連結另一詞句，使它具有更嚴謹的內涵。我們西班牙文中，這個字容易流於多情善感，有的作家寫成傷感文體。聖十字若望常尋求二方面的平衡。天主的愛充滿溫柔和眞理，爲了使這愛有別於母愛、兄弟之愛或友誼，應留意不可用太多多情善感的字眼。

無法用語詞界定祂

關於天主的形像，聖人認為天主是親近人、充滿慈愛的，但同時是無限、無量的。證人告訴我們，他擔任革拉納達院長時，有位好修士，心地單純，目不識丁。有一天，散心的時候，聖人問道：「方濟各修士，天主是什麼？」修士回答：「天主就是祂願意什麼，就是什麼。」換句話說，「我讓祂自由，隨心所欲。」修士不願強加自己的觀念於天主，也不界定祂。見證上說，聖人欣喜於這個回答，津津樂道此事，數天之久不言他事。

所以，天主就是祂要什麼，就是什麼。天主是無限的，但也是親近的。當我們讀幾頁《攀登加爾默羅山》時，我們遇見的天主形像是不可親近的天主，無法和祂建立關係。但聖十字若望沒有停止在這裏。在這超越的天主的形像上，他添加了《靈歌》二十七詩節所提示的。「天主是**在你內雖然你沒有覺察祂**」，又是雙重涵意。「天主是**在你內隱藏的天主**」。

處於黑暗乾枯時，我們不該錯想天主不在。若隔壁房間有個小孩，先吵鬧而後安靜，我們不能因此結論他不在房間裏。根本的因素不在於小孩的吵鬧。同樣，我們也不能作此結論，說我們不覺得天主親臨時，天主就不在。根本的因素不在於祂是否被感覺。在聽不見或覺不到天主時，是信德使我們有可能領會祂的親臨。

在基督內的啟示

雖說聖人深愛天主的超越性，他仍然需要具體的因素。他不滿足於普遍的觀念。啓示我們天主的是有位格的基督。梵二討論《啓示憲章》時，許多主教表示希望隨從聖十字若望的學說。是基督使聖人擁有具體、人性、眞實的神祕主義。聖十字若望已被尊爲最純、最明確的基督徒神祕家。

過去數世紀，他最常被視爲普遍隱晦的神性的神祕主義代表；他的神祕主義沒有被視爲基督徒的。某英國作家著書談論這事說，聖十字若望根本不是基督徒。但是我們必須清楚說明，若從他的神祕教導中除去基督，我們會失去此建築物的楔石。這作家主張，他的學說中毫無基督。卡爾．拉內（Karl Rahner）中年時說出同樣不幸的話，這證明他未曾閱讀聖人的著作。他說，如同所有的神祕家，聖十字若望很難把基督導入學理中；他必須猛力爲之。但我們將看到，對聖十字若望而言，**信德之所以存在，只因為基督存在。**

著名的《攀登加爾默羅山》第二卷第二十二章中，聖十字若望詳述他對福音和基督論的研討。他說《舊約》時代天主藉先知、神視、神諭啓示祂自己，但在《新約》時代，這一切都結束了。接著，他在書中插入一位反對者，對這個說法提出異議。事實上，這些異議是聖人設計好的教導：若《舊約》時代信者私自求問天主，獲得回答是合法的，又若《新約》時代的我們再不可這樣，那麼，《新約》的天主子女豈不是遠不如《舊約》法律的信者嗎？聖人回答：「因為古時祂對先知們所說的，是局部的，現在藉著賜給我們祂的聖子，即圓滿無缺者，祂只一次說了全部。」（山2·22·4）隨之是很美的章節，聖人講述默觀基督的人性。如今若仍有人多作要求，天主會如此回答：

如果我已經在我的聖言，亦即我的聖子內，告訴了你所有的事，而且沒有別的話了，我現在能有什麼比這更好的來回答或啟示你呢？要把你的眼睛唯獨緊盯著祂，因為在祂內，我已經說了，也啟示了一切，在祂內，你甚至會發現超過你所

> 求和所望的。因為你求的神諭和啟示，是局部的；但若你的眼睛注視祂，你所找到的是全部的。因為祂是我全部的神諭與回答，是我全部的神見，也是我全部的啟示。這些我已經講過、回答、顯示和啟示給你們了，把祂有如一位兄弟、同伴、老師、代價和賞報給了你們。因為，自從大博爾山上那天，當我以我的聖神降臨於祂時，說：「這是我的愛子，我所喜悅的，你們要聽從祂」（《瑪竇福音》十七章5節），我已經廢止了所有這些回答與教導的方法，且把祂給了你們。你們要聽從祂，因為我沒有更多要啟示的信德，或要顯示的事。（山2．22．5）

在此可略談一下聖若望的特別用語。他談及「基督的人性」（*Christ's Humanity*），和聖女大德蘭說的方式不同。他認為，若是說「基督的人性」，這好似在基督的人性上添加了絕對性。他的用語是「**基督按祂的人性**」，「**基督按祂的天主性**」。他之所以如此，是因爲十六世紀的神學家講述耶穌，好像祂只是人而已。

上述二十二章引述的一段，聖人五、六次這樣說：「**聽祂……緊盯著祂……轉目向祂……看我的愛子**」等等。這顯示他的默觀如何落實：他認爲天主並不是抽象的神，而是福音啓示的降生成人的天主。

生活我所默觀的

當我們深思，他如何慶祝禮儀年中的基督奧蹟，清楚地顯示他對降生奧蹟的偏愛，及他的具體性默觀：修院內處處有遊行、馬槽、演戲。在革拉納達和塞谷維亞，聖誕前夕一定有兩位修士扮演聖母和聖若瑟，修院的角落布置一個客棧，客棧中有一位修士扮演拒絕投宿的老板（據說十字若望從不演客棧老板，他常喜歡善待瑪利亞和若瑟）。修士們演戲時不脫掉會衣，如同表演殉道聖人時一樣，演異教徒的修士要脫掉會衣和兜帽，致命聖人穿著全套會衣和白斗篷。表演法官的修士應判決定罪。至今仍留有一幅這樣的圖畫。

所有的軼事和追憶顯示若望的默觀多麼落實；不是僅存留內心而已。也不只是個外表的慶典：他總是內化這些奧蹟。有位名叫瑪利亞．寶思（Maria de la Paz）的證人，她是培亞城的女孩，自稱能從聖人的面容看出當天的節期：例如，聖誕節時，他表露很深的內在喜樂，聖週則是痛苦。他的默觀能被旁邊周圍的人看出來，不只是個內心事件。

他默觀基督的奧蹟和聖德蘭不同。會母的默觀基於魯道福．沙克斯奧尼⑦的書。但早已有若干這類的書籍，為此，十字若望專注於兩點：**啟示者基督和心愛者基督**，即信德的基督和新郎的基督。此二主題各有若干相關語詞：**啟示者基督稱為天主聖言、老師和模範；心愛者基督稱為新郎、兄弟和伴侶。**但這些附加名稱也能和上述二個主題互相關聯。他的著作中，心愛者出現三一三次，新郎二三一次，救世主二十四次，救贖主兩次，上主七十六次，天主子一三八次。

有位神學家名叫摩瑞爾（Morel），他指出聖十字若望不以誇張的語詞述說他和基督的親密關係。他也幾次用了「最甜密的耶穌」：「願眾信者靈魂的新郎，最甜蜜的耶穌，樂於帶領凡呼求祂聖名的人，達此榮福神婚。」（靈歌40．7）他喜愛用不同的方式表達同一內涵，例如他說「**我們的**救贖主」，「**我們的**救主」，「**我們的**上主」。這會立即給人印象，他不是在談論哲學，而是在說某種關係：**祂是我們的。**

7. 魯道福．沙克斯奧尼（Ludolph of Saxony，1295–1378），是德國的加杜仙會士（Carthusian）。

信德之光：信者的心態

談及信仰的德行時，我們指的是信者的心態。不過我們已看到，對聖十字若望而言，信德是總括所有的一個觀念：其中包含天主的奧祕。現在我們要談論第二方面：信者的信德。

信德是天主給人的能力，使他能覺察天主。有一個例子：收音機或電視機有傳送器和接收器。接收器本身是死的；必須有傳送器廣播節目。當我們說信德是超德時，當然，非常重要的是有傳送者或播報者。〈水泉〉（*Fountain*）詩中，至極重要的，是湧流和洋溢的水泉。接收者的工作就是預備好接收節目。我們愈適應傳送者，接收愈良好。電視機剛發明時，只能看到平面和黑白色。後來有了彩色電視。再不久我們有彩色立體電視。信德也是如此，有的人只看到黑白色，有的則能看見立體彩色。這全靠信德的能力、德行和心態。**信德，這個超德是來自天主的禮物**，當我們談愛德時，會看到《靈歌》中聖人列舉的美好例子，天主如何通傳祂的愛給我們。

要注意，靈魂在這裏不說，天主將在那裡，把祂的愛給她，雖然真的給了她，因為這樣的話，她只表達出天主愛她，靈魂更想說明的是，在那裏，天主會顯示給她，該如何完美地愛祂，如同靈魂所追求的。既然在那裏，天主把祂的愛給靈魂，這就顯示她該如何愛祂，如同天主愛她一樣。因為，在那裡，天主除了教導靈魂純潔、自由和無私地去愛，如同祂愛我們，還使她以天主愛她的能力去愛，使她在祂的愛內神化……天主將祂自己的能力給靈魂，使靈魂能愛祂，就好像天主把工具放在她的手裏，告訴她如何使用，和她一起工作，這就是顯示給她如何去愛，並且給她能力去愛。（靈歌38．4）

信德的視力

所以，這互愛的交往是聖神和靈魂雙方的工作。信德的回應亦然，人所獻給天主的，是來自天主的禮物。這種看見的能力是個禮物，使我們在黑暗中能看見和覺察。對無信仰者而言，《聖經》只不過是歷史的文獻。信者和不信者有相同的中介：本性、生命的喜樂和悲傷、價值觀不同的各種人；兩者擁有的中介是同樣的。置身於困苦之境，無信仰者只能看到悲劇，信者能清楚看見天主的手。

面對開始迫害他的馬德里大會，聖人能說：「這是天主的手。」另一個人在其中，可能只見到人的陰謀詭計。因此，**信德就是能在**

日常的歷史事件中，看見天主的手，不像無信仰者所看見的，無非是盲目的命運。二者經歷的是同樣的原料。

但是，這並不是說，在托利多的監獄中，聖十字若望有看到神見，而是**他的信德**使他在事件中，能看見天主的手。並非天主親自做這些事：它們有本性和歷史的起源；可能來自疾病、或人的罪過和不成全。但是信德看得更深入，正是這信德的視力，是默觀者的特徵和典型。**默觀者，是一個覺得被天主吸引的人，他能在內、外發生的一切事上，看見天主的聖容，感覺到祂的手，聽見天主親自對他說話的聲音，並努力以天主要他作的答覆回應祂。**

這就是聖十字若望的意思。他關懷的是相信，而非不相信，關懷努力度靈修生活者的信德。他希望幫助默觀者，使他們能輕易地識破本性、事件和人的眞相，看到天主。

知道自己被注視著

在《靈歌》中，聖人寫了一段詩節：「若在你的銀輝水面，突然凝現我渴望的雙眼。」（靈歌12・5）他稱信德的眞理爲「注視我們的雙眼」——意指活潑生動。有一位詩人說過：「眼睛之為眼睛，不是因為我用眼睛看，而是因為眼睛看著我。」《靈歌》註解上說：「她在此稱這些真理為『雙眼』，由於她覺察心愛主的偉大親臨。彷彿祂現在經常注視著她」（靈歌12・5）這些眼睛在此具有被動的角色。

因此，默觀者不只以更深的向度看見事物，而且知道自己被看見，被注視。「當祢注視我」：注視就是愛。天主以愛注視我們。以此來談信德，就會清楚明白，**在默觀時，問題不在於我們理解真理，而在於真理注視我們**。這就彷彿我們熟睡後，醒過來，發現有人注視著我們。此即默觀者的基本心態：這個信德心態，使人在萬事中，能看見並經驗天主，他和天主結合了。如此，對聖十字若望來說，大自然也是一種默觀經驗。

晦暗中的光明

信德中包含黑暗；信德是隱晦的光明，或也可說是明亮的黑暗。在〈黑夜〉的詩歌中，對此有極動人的描述。洋溢湧流的〈水泉〉詩歌中，雖是在夜裏，他說：「我看得非常清楚，雖然是黑夜。」因此，這並非完全是夜，因為我看得非常清楚。主張聖十字若望說「人在黑夜中一無所見」，這是不正確的說法。

聖人認為信德是一道光明；是可能有的最好光明，我們能用它看天主的事理。雖然這光如此強烈，我所看見的事物晦暗，但在這詩句中，最重要的部分是「**我看得非常清楚**」，而非「是黑夜」。如果我們更換字的次序而說：「這是黑夜，但我看見。」強調的是夜，而我看見則無關緊要，好似附帶提及而已，但實際正好相反。**若望絕不會轉變黑暗成為悲劇**。他的信德是樂觀的，光明佔優勢：我看的多麼清楚，雖然是黑夜。

天主啟示了自己；我們知道天主的事理，但仍身處救恩之境，處於黑暗中，尚未完全光明。在這半明微暗中，聖人深覺悠然自在。我曾在某一書中寫道，如果有人給聖十字若望一個能全然看透、一覽無遺的天主，祂的計劃清晰地呈現眼前，這個天主對若望毫無吸引力；這樣的天主無法激起他的驚奇。他的天主是已啟示了自己，但仍是高深莫測的天主。

在信德中相遇

現在我們達到信德的中介這個主題，在信德中的相遇。聖人主張，我們的天主是已在基督內啓示自己的天主，並且**已留給我們各種中介為能找到祂**。或許在靈修學史上，如此刻意地強調中介的角色，尤指以人爲中介，聖十字若望可謂史無前例。聖人往往被稱爲純內在的個人神祕家（individualistic mystic of pure interiority），儘管《攀登加爾默羅山》第二卷第二十二章中，他詳述了人的中介角色。沒有得到人的肯定和證實，天主所賜予的神祕恩寵不會生效。他從《舊約》和《新約》中舉例說明。當時梅瑟奉天主的命令，領導以色列子民獲得自由，天主親自對他說話，藉他行奇蹟；但梅瑟仍不敢自作決定。因此天主說，我要派遣亞郎同你一起。亞郎對梅瑟說「去吧！」他才去。直接來自天主的話仍嫌不足，卻由人的同伴決定這事。

聖人告訴我們：

天主不希望有人單憑自己，相信個人的經驗來自天主，或沒有透過教會或聖職人員，而確認或肯定它們。因為對這樣孤單者的心，天主不會賦予真理的明晰和確認。像這樣的人，對於真理，必會處於虛弱和冷淡之中。（山2．22．11）

不能只依賴自己的良心

我們可能碰到像這樣的事，當我們費時祈禱十天，無法下決斷時，巧遇某兄或某姐說道：「我認為你應該如此決定。」這正是我們一直在祈求的光明。聖人後來又舉出很美的例子，即有關聖伯多祿和聖保祿間的事。主與伯多祿的關係很親密；《宗徒大事錄》記載，天主數次顯現給他。雖然如此，伯多祿在與外邦人吃飯的事上犯了錯，當耶路撒冷的猶太門徒來時，他因人的緣故有所疏忽。主沒有告訴他這個過失，指明過錯的是保祿。若已有二十或更多位能說出我們過失的人環繞身邊，爲何天主還要從天派遣天使，告訴我們應該做什麼！

在審判之日，天主會處罰許多人的罪惡與過失，在此塵世，天主和他們交往，就像家常便飯，很是平常，又給他們許多光明與德能。因為，在他們已獲知，且應該做的那些事上，他們輕忽了自己的責任，卻信賴天主和他們的交往，及天主賜給他們的德能。……天主無須親自警告他們，因為藉著所賜予的本性法律和理智，祂已警告他們了。（山2．22．15）

另有一例是梅瑟，當人民必須從早到晚等候解決案件時，他的岳父耶特洛指出應如何是好。天主面對面顯現，向梅瑟說：「你的岳父言之有理。」天主沒有親自告訴梅瑟，因爲這是人的理智可判斷的事。因此，我們不該唯獨依賴自己的良心，期待天主的直接光照。這光明經他人爲中介而臨於我們，但我們的良心必須判斷、做決定。**信德是轉移天主的奧祕，落實於具體的生活環境。**這就是在信德的光照中，以人爲中介的作用。我們比較容易接受其他的中介——《聖經》、教會、天主聖言、大自然。以人或生活中的事件爲中介，我們較難接受。

關於這事，我們來讀一封聖若望的信。聖人的痛苦經驗眾所週知，當他結束塞谷維亞的長上和總會第一參議任職時，曾掀起一場爭論。因修女們希望他做她們的代理，但宗座法令規定，修女們的代理必須是當權的總會參議之一。爲阻止他擔任代理，總參議會排擠若望。其他神父全都連選留任，唯獨聖十字若望被狄耶各神父

（Diego Evangelista）取代，他是年僅三十的年輕神父，以後這神父因他的作風出了名。他成爲聖十字若望的最大迫害者，開始毀謗攻擊他，告發他與修女們有可恥和不正常的關係，聖人因此痛苦無比。

今日一般認爲，若望生命的最後五個月，其艱苦遠超過托利多九個月的監禁，這是情緒和心理上的苦，非指肉身之苦。有人報告說，僅有兩次見過聖十字若望落淚，就是在這幾個月中。一次是在馬拉崗（Malagon）和某修女談話時流淚。另一次是在托利多，馬德里會議的歸途中。據說，他和托利多院長厄里亞神父（Elias of St. Martin）共處整個下午，尋獲他的安慰。厄里亞神父性格沉靜、愉悅、安寧。他繼承多利亞（Doria）接任總會長，改變當時修會的方向。就任後，立即命令收集所有指控毀謗聖人的文件，予以焚毀。他沒有顧及可留傳於今的價值。因爲怕惹事生非，聖十字若望的許多寶貴書信和著作，在這事件期間已被銷毀。

有信德才能接受拂逆

〈信23〉是一五九一年七月六日寫給塞谷維亞耶穌・安納姆姆的信。她是塞谷維亞院長瑪利亞姆姆（María de la Encarnación）的母親。母女同入一個修院，而女兒那時是她母親的院長！這封重要書信的內容如下：

謝謝您的來信；這使我比以前更該感激您。若事情的發展結果非您所願，您更該感到安慰，且多多感謝天主。因為至尊天主這樣安排了事情，這對每個人都是最適宜的。（在此，我們清楚看出，他以信德的眼目看這事。）我們要甘心樂意接受一切，既然我們相信祂已安排這事，我們就要以行動來

表示。我們不喜歡的事好像是不幸和損害，然而它們是好和合宜的。（信23）

另一封信中，他說，若我們不滿足天主所傳達的一切，在天堂上我們也不會滿足！若我們要滿足，須有信德和愛德；缺少信和愛，我們可能需要二、三年調整自己，方能適應唯有天主旨意的天堂。致安納姆姆的信中，他繼續說：

顯然，無論對我或任何人，這都不是損害或不幸。這是我的恩惠，因為除卻了照顧靈魂的重責，如果我願意，依賴天主的助祐，我能享受平安和獨居……我離開其他人，對他們也有好處，這樣好使他們不致因我的貧乏而陷於過失……我仍恐怕他們要我去塞谷維亞，不讓我了無牽掛，雖然我也會盡力去脫離這事。但若事與願違，耶穌・安納姆姆仍不會失去我的指導，如她所擔憂的，按她的看法，不會因結束這成為大聖的機會而悲痛致死。

最後這一句話流露出他的才智和幽默。

另一封信致降生．瑪利亞姆姆，她是耶穌．安納姆姆的女兒，也是該院的院長，這封斷簡殘篇的信中，我們讀到聖十字若望結合信和愛的名言。爲能去愛，人必須以某種光明觀看事物，唯有懷著信德的心態，才可能去愛。接納天主親臨在生活具體環境的中介，我們感到極爲艱辛。

女兒！不要讓發生於我的事惹你憂苦，因為這並沒有令我憂苦。真正令我憂苦的是未犯過者受了責備。是天主做這些事，不是人，祂知道什麼最適合我們，且替我們做最好的安

排。要想是天主安排一切，而非其他，在那沒有愛的地方，給予愛，你會導出愛。（信24）

然而，聖十字若望深知，是人做了這些事，他知道他們的眞實姓名。馬德里會議的歸途中，他拜訪一隱修院，修女們開始表示憤慨和同情說：「神父！會議中的這些神父多麼虐待你啊！」聖人回答說：「修女！瞧，你這話才更冒犯我，甚於他們在會議中對我的所作所為。我不希望以犧牲別人來寬慰自己。」因他的人性高尚純淨，促使他這樣說，而非他天眞得毫不知實情。為證明這事，有封談及耶穌會的著名信函。這事關係卡拉瓦卡（Caravaca）修女們購買附有園子的房屋。附近的耶穌會也看中這地，但若讓修女們局限在很小的地方，對她們極不方便。聖人寫道：

留心注意我說的話：不要對他們或任何人說什麼，與龔札羅・牧諾斯（Gonzalo Muños）先生商量買另一處的別座房子，並簽定合同。因為他們一旦見你們已上鈎，自會不慌不忙。這沒什麼要緊，如果後來人家知道，我們只因不要麻煩而購買，那麼不用太傷腦筋，他們會同意出售，而且可要求他們同意我們的條件。只對極少的人說這事，且按此進行。因為有時為克服某策略，不能不另行一計。（信4）

由此可知，以信德的眼光注視人生事件，並不妨礙我們處世實際練達。

第四章
經由愛而轉化

聖十字若望常常使用一句保祿的說法：藉著信德和愛德，尋求天主並和祂結合。我們已引述聖人致降生．瑪利亞姆姆的書信：「要想是天主安排一切，而非其他。」（信24）須以信德接受馬德里會議安排的一切，如同完全來自天主。聖人繼續說：「在那沒有愛的地方，給予愛，你會導出愛……」我們再度發現信與愛的結合。若望在此沒有特意提出信德，但他意指**信德的心態**。在他的書中，信德和愛德同時出現，最著名的段落是《靈歌》1．11。這是個答覆，寫給在自己內尋求天主，卻未尋獲的人：

啊！靈魂哪！為了在妳隱藏的地方找到新郎，妳已被告知該如何是好；不過，如果妳仍想再聽聽這事，聽一句充滿實質，卻難於達到的真理：這就是，妳要在信德和愛德內尋找祂，不渴望滿足、品嘗或理解任何不是妳應該知道的事；這兩者（譯按，即信德和愛德）有如瞎子的服務員，它們會引導妳，經由妳不認識的地方，達到天主的隱藏處所。（靈歌1．11）

隨後聖人繼續發揮這個論點，說信德、望德和愛德必然尋求天主。那就是超德的心態。我們要詳述這主題中的若干重點：

一、聖十字若望個人的愛德；
二、超德根基：我們被造是爲了愛；
三、錯亂的情感：欲望、渴望；
四、意志的愛；
五、神化的愛。

聖十字若望個人的愛德

我們已注意到，聖若望的童年經驗及他的母親。然而，他的愛並不限於他的家庭。居住於梅地納時，儘管家中赤貧如洗，母親習慣領回更窮苦的小孩。若望仍居家時，他的哥哥爲幫助領回家中的孩子，沿門求乞，有一次竟被警察拘捕。鄰居聞訊都群起保護，反對拘禁他說：「這位青年未曾作過惡事，他非常熱心行善。」因而隨即被釋放。

若望的哥哥名方濟各，大他十二歲，也比他活得長久。一家三兄弟，老二路易因營養不良，早年夭折。聖十字若望和方濟各情誼深厚——不僅是兄弟之情，而且彼此間有著很深的友誼。方濟各敘述，當他拜訪若望任院長的修院，用餐時，聖十字若望安排他坐在身旁。方濟各難免有所顧忌，恐怕逗留時日稍久，添加貧窮修院的負擔，可是若望卻說：「不要急著離開我，我們不知何時才能再相見。」

若望在塞谷維亞和基督相遇的經驗，是他對方濟各敘述的。某次他拜訪該院時，晚餐後，兄弟倆步入花園，聖人對他說：「我想告訴你發生在主與我之間的事。」他向哥哥透露關於基督畫像的經驗，基督問他：「因你為我做的事，你願我如何回報你呢？」聖人的答詞已是耳熟能詳：「主啊！我願為祢受苦，受輕視。」這是若望透露的少數神祕恩寵之一。由此，我們能看出兄弟倆的親密關係和情誼之深。

若望任革拉納達院長和省會長時，方濟各居留數月，幫忙建築房舍。修士們說，他的窮人衣著讓他們感到不好意思，因爲他是院長的親兄弟。然而，無論城中顯要何時來訪，若望總介紹自己的哥哥說：「他是我在這世上最珍貴、最大的寶貝。」他們極其相愛。

許多人認爲，聖十字若望比聖德蘭更富同情心和情感。人們說，他屬內向，而聖德蘭屬外向。當我們細思這方面對他的所有認識，及從著作中對他的瞭解，我們能說，**他頗具天賦，擅長結交朋友。**

除了溫暖的家庭之愛，還有他和梅地納窮人、醫院病人的關係，及擔任降生隱院神師時，他和聖德蘭的友誼。這期間有一則小軼事。某日，大德蘭告訴修女們，她在若望神師前告解，承認自己因爲對他的愛，對待他缺乏尊敬。或許因爲她太自恃爲會母，過於看待他如同小男生——她比若望年長二十七歲。聖善的神師回答：「姆姆！這一點您要改過。」若望在安大路西亞（Andalucía）也結交許多的好友。

我們也必須提出**他愛好藝術、音樂、雕刻、及繪畫**。我們知道他常唱歌，但可惜得很，曲調未流傳後世。繪畫方面，僅殘存一些小畫、素描，還有革拉納達和塞谷維亞的建築工程。他喜愛花。人們會看見他在聖體前擺置玫瑰或康乃馨。我們已述說他的愛範圍廣闊，及各種表現方式，也提及他在遭囚禁和生命末刻時，所流露的眞情實愛。他從不以教授或飽學之士的形態待人；他以慈愛親切、心地良善感動別人。許多同會兄弟全然不知他的神祕生活，但都知道且體驗到他的良善。省會長佳播（Gabriel）神父談及他說：「他的書是好書，但他有聖德，因為他本人如此良善。」他的特徵即是**不變的慈愛和良善。**洞悉此事，能幫助我們瞭解他的著作。我們可在此提出他的一句名言：「生命垂暮時，審斷你的是愛。」（格言57）

超德基礎：我們被造是為了愛

這是他教導愛德的首要重點。《靈歌》第二十九詩節，是聖十字若望辯護默觀修會生活中，最著名的篇章。**聖若望教導說，是愛使人達到圓滿。**唯獨經由愛，人方能發展、綻放，達到完全圓滿。在論及創造人的〈歌謠〉（*Romances*）中，他描述人類共有的經驗：「我兒，我願給祢一位愛祢的新娘。」按聖人的看法，當聖父創造人類時，祂對聖子說了這句話。若望相信渴望愛是與生俱來的因素，於創造時賦予的，而非後來添加的。

他的特殊用語清楚顯示，我們是朝向愛的。「新娘」指向愛和結合；他的意思是在愛內互相給予和接受愛。要是如此，若按我們的基本結構，我們受造是爲了愛和被愛，我們只能經由愛和被愛，才得以發展和成長。〈歌謠3〉繼續說：「由於祢，她實堪分享我們的交往。」這就是父創造人類時的心意：給聖子一位愛祂的新娘。爲此，父在各方面賦予人愛的能力，也包含被愛的需求。

當若望說及愛的淨化時，他觸及下列的層面：感官之愛的教育、意志的心靈之愛、經歷神枯克勝黑夜的成全之愛。一九六八年，西班牙詩人卡羅・慕奇阿諾（Carlos Muciano），以兩句詩形容聖十字若望：「……此人外皮是灰燼，內臟是烈焰。」他希望說的是，若望的外表毫無動人之處，但其內猶如火山。話及這火山，且待深入詳述。

錯亂的情感：欲望、渴望

在《攀登加爾默羅山》的第一卷，若望主要對初學者講述時，我們發覺，他不問他們有什麼祈禱或敬禮神工。他的唯一問題是，情感的境界如何？他們的情緒成熟嗎？當我們了解這一點之後，自能結論其餘，有如醫生把脈即知病況。

《攀登》第一卷專論情感、貪戀的領域，他稱之爲錯亂的欲望

（*apetitos*）。現代西班牙文中，這字不再有複數意義；只呈單數狀，且只指食欲。若望以單數指人尋求天主，尋求和基督結合的欲望，**複數的欲望**（*los apetitos*）表示消極的意思，尋求其餘的欲望。

《攀登》第一卷中，聖人反覆敘述欲望（*los apetitos*）導致的五種損害：它們令人疲累，且折磨、黑暗、汙損和虛弱我們。他用《聖經》使人了解這眞理。帶著像這樣散漫欲望的人，不是建立，而是在摧毀他們的靈修生活。

即使他們不會落到這種地步，想到被欲望占有的可憐靈魂，令人深感同情。他與自己相處多麼不愉快，對近人多麼冷漠，對天主的事多麼怠慢和懶惰！因為，雖然惡劣的體液使病人走路時，這麼的沉重和困難，或者使他厭食，但仍比不

> 上尋求受造物的欲望，使靈魂在修行德行時，這麼難過和悲傷。所以，一般說來，許多靈魂沒有勤勉與熱望去獲得德行，原因是，欲望與愛情沒有純然專注於天主。（山1·10·4）

接著，第十一章是聖人對修道人及努力度靈修生活的人講述。他很難過，看到有這麼許多的靈魂，具有滿盈的本性能力和優質，甚至蒙受超性的恩寵，卻因相同的理由，未能進步。聖人舉出二例：第一，一隻小鳥不能高飛，即使只被細線綁著；第二採自印魚的傳說：

> 靈魂的欲望和執著，具有所謂的印魚黏住船的特性，極小的一隻印魚，如果黏住了船，就會使船停駛，無法抵達港口，也不能航行。（山1·11·4）

我已數次提及安納姆姆，她是靠近若望的大聖人之一，《靈歌》就是題獻給她的。安納姆姆有極高貴的秉性，凡博人寵愛的言詞文字，她一概銷毀；別人論斷她的批評則流傳後世。

有一則小軼事傳自她任革拉納達院長時。某日，有一位名羅瑞格先生（Don Rodrigo）的貴族人士來訪，和她在會客室中商討房屋和靈修事宜。安納姆姆很喜歡他。這位先生告辭離院後，聖十字若望隨即來到。他們會晤交談，幾乎若望講的每句話後，安納姆姆都說：「**羅瑞格先生也這麼說。**」最後聖人笑道：「**姆姆！妳滿腦子羅瑞格先生！**」

安納姆姆欣喜於此指責，於是散心時告訴修女們這件事。後來據修女們報導，這句話成了她們的格言：若有人滔滔不絕講述某人或某事時，她們會說：「**修女啊！妳滿腦子羅瑞格先生！**」由這個小小的故事可知，聖人以輕鬆和藹的方式談論超脫，毫不死板。這確實有益於安納姆姆，因爲後來聖十字若望題獻《靈歌》給她！此即聖人靈修指導的氛圍和風格。

愛需要有對象來引導

我願在此評註《攀登加爾默羅山》第一卷第十三章中，聖人關於**正確使用感官的兩項教導。**某年輕加爾默羅會士，二、三年前出版了一本書，他說：「要是聖人沒有寫這章該多好啊！這眞是敗筆，毫無人情味，又相反福音。」讓我們來仔細看一看。

爲了捨棄複數的欲望（*los apetitos*），我們被要求強化在自己內的單數的欲望（*apetito*），以跟隨基督。聖人確信，愛在人內絕不休閒。他的原則是：在你還沒有愛一個新的對象前，不要從愛的能力中取走任何的對象。愛需要它的對象。

巴魯基（Baruzi）寫道：「除非人因愛轉化，且以此愛克勝他愛，否則對抗錯亂欲望的戰鬥必敗無疑。」意思是，愛的能力須有一個對象作爲導向。巴魯基說，純克修的悲哀勝利是消除某一種愛，而沒有代之以新愛。這會導致嚴厲、怨恨和苦澀的熱心，因爲失去了愛的對象可願望。

當我們默觀基督和祂的生活時，我們會更愛祂。這是若望教導的第一點。我們須審慎實際地修養外在的德行。運用外在感官：看、嘗、聽……須有節制。凡是和我們的生活、聖召和責任無關的事，不該貪戀執著。

由於誤解聖若望，本會竟有某種克修心態表示說，不要聽什麼，閉上眼睛，帶個同伴一起上街，好能閉著眼讓他帶領你……若望遠比這單純、正常多了！若能順乎常情，又不惹人注目時，能不用，就可棄絕使用感官，千萬別因守眼睛而作出惹人笑話的舉止。

記得在羅馬時，我參加某開幕典禮，或其他什麼慶典，宴會中招待各種美酒。我與一位道明會神父同時被邀，從他那裏我學得一個教訓。他說：「你可別說：『不必！不必！』讓他們第一次斟滿你的酒杯，喝少許，等下一位來時，見你依然美酒滿杯，自會滿意地經過。若你用手蓋住杯口，必遭他人注意。」告訴你們這件往事，只爲敘述某種克苦的方式，單純且順乎常情，又不惹人注意。

修行內在的自由

聖人的第二項教導，簡直令人驚駭。

經常努力傾向：不是最容易的，而是最難的；不是最愉悅的，而是最乏味的；不是樂趣最多，反而是樂趣最少的……。（山1．13．6）

共有九句這樣的教誨。若望說：「要為愛基督而做這一切。」經常傾向樂趣最少和最難的事，如此過分的強調已使人注意。這被稱爲被虐待狂（masochism）。但爲什麼聖人推薦這種修持法呢？他的目的在於能達到時時刻刻、自由無礙地愛天主和近人。

我們須有內在的自由，在愉快或不愉快的事上；無論何時，我們的愛面臨挑戰，我們都能接受天主的聖意。聖若望說，要常自動自發地修養，如此當愛天主或近人有需要時，你已能輕鬆地做到。這是自願的準備，因爲來日必會向你要求的。若我們沒有準備，當決定性的考驗臨頭時，我們必無法給出正當的答覆。

羅馬軍隊在平安無事時，也得習兵練武，背著比作戰時多一倍的武器。因此受訓時，他們常說：「唉呀！有仗可打多麼好，我們才可稍微休息一下！」如果我們經過甘心情願的修練，已能控制自己的感官，我們會發現，無論何時發生相似的情況，我們會容易獲勝。

意志的愛

必須經常避免極端。《攀登》1．13．6，是若望的教導，幫助我們滿全愛德誡命的指示。這是基礎，是反省我們愛德能力的起點：「你應全心、全靈、全力愛上主你的天主。」（《申命紀》六章5節）我們必須視之爲初學者和成全者的共同基礎，才能了悟這條誡命的寬廣高深。

描述心靈被動之夜後，聖人告訴我們，一切被動的淨化是天主所許，爲使靈魂能滿全愛德的誡命。這話意味深長。

> 這事非常特別地發生在此黑暗的煉淨中，如我們所說的，因為天主這麼地使滿足斷奶，這麼地收斂欲望，使之無法在任何的事物上尋得滿足。天主做這一切事，為的是，藉著使

欲望脫離其他的事物，使靈魂在自己內收斂，祂堅強靈魂，給他能力得到這強烈的愛之結合，此乃藉此煉淨，天主開始賜予的。在此結合中，靈魂以其全部的力量，和所有感官與心靈的欲望，熱烈地愛天主。如果這些欲望因為滿足於其他事物而分散，這樣的愛是不可能的。為了獲得這個愛之結合的力量，達味對天主說：「我為祢保留我的力量。」（《聖詠》五十九篇10節）亦即，我官能的所有能力、欲望和力量，不要在任何除祢以外的事上使用它們，或尋求滿足。

因此，我們能以某一方式深思，這個在心靈內的燃燒能夠是多麼明顯和強烈。天主集中靈魂內心靈和感官的所有力量、官能和欲望，致使這整個和諧組合的能力和力量能運用在這個愛上。靈魂因此能真正實行第一條誡命，既不輕視屬人性的事物，也不將之排除在這個愛之外，說：「你們應當全

心、全靈、全力愛上主，你們的天主。」（《申命紀》六章5節）（夜2・11・3－4）

若望對這條大誡命的每個字都很認眞。他指出這誡命不只針對初學者，也針對神祕家。他放在眼前的理想是正確使用能力去愛，去修練成全的愛。

區辨很重要

現在我們來看看《攀登》3・16。這是很長篇章的開始，我願你們特別注意二件事。

（A）聖人對於愛（*amor*）和感受、情感、歡愉（*gozo*）所做的區別。愛是靈魂的活動，是給予。愛是無私的。愛的感受多少和自己有關，靈魂返回自己內。

〈信12〉中，聖十字若望說明愛的行動和愛的感受其間的不同。愛是給予，愛的感受是接受。這樣的接受不必總是占有或自私的，也可能是廣義的接受，希望求得己益。例如，只要爲自己有益處，則繼續維持某人際關係。這第二種愛可說是歡愉於某物，從中取樂，喜歡它。「愛」是給予對方，「歡愉」是歸爲己有。這就是若望的分辨，區別愛和愛的感受。

（B）如何在自己或他人身上，辨識我們愛的特質？我們由觀察所知甚少。若望陳列在我們面前六種不同的事物，看我們如何反應。這是今日測驗兒童的方式：人們不問你喜歡紅色或藍色，只須將紅色和藍色同時擺在孩子面前，再看他們的反應；看小孩走向這或那，自會得到答案，不須小孩表明。

同樣，若望在我們面前擺置六種事物，看我們選擇什麼。三樣是本性和現世的。即財富、尊榮、才幹；另三樣是超性的，即德行、特殊的神祕恩寵、聖物，如朝聖、聖像及此類事物。

只一樣事物仍不足以答覆這測驗。人可能不在乎其中一、二樣。例如，有的人被財富吸引，同時又厭惡財富。我們今日，有許多人因衣著簡單，自認爲已超脫財富。可是他們裝扮聖母態像時，替她穿上所有自己想穿的衣服。可憐的聖母只好忍受一切。這樣的人可說毫不在乎其他世物，但他的欲望轉移到聖物。他們不戴金耳環，但卻有金唸珠或香唸珠；身邊的芳香已顯出所用的是哪種唸珠。我們的自愛有如噬木蟲，毀盡一切。牠侵蝕任何一種木材。

我們的虛榮貪心，其下場和光景就是這樣，不論什麼東西都要緊抓不放；好似蛀蟲，咬噬好的木頭，無論事物好壞，它都有事做。你喜歡帶著新奇的玫瑰唸珠，得要這個樣子，而不要那樣；又寧願選擇這個態像，而不要那個，你注意的，不是它是否更喚醒你內的愛，而是它是否更寶貴和新奇，這豈不是把你的快樂放在工具上嗎？（山3‧35‧8）

給事物正確的價值定位

聖人在此無意責怪聖物，他關心的是發現人們對聖物的反應。我曾在馬尼拉公然目睹這樣的反應。我是去那兒授課的。早晨舉行彌撒，分送聖體時，某婦女步出她的座席，拄著枴杖行走。她行路困難，走得非常慢，停停走走，但是絕不許別人超越她。有位女孩陪伴她，年約十二歲。大家都很不耐煩。

彌撒結束時，她又打前頭走，人人都必須等候她，大家都不耐煩極了。此時聖堂外停著一輛轎車——眞是豪華絕頂，並有三人和司機伺候這位婦人。車旁架起一座小梯，助她安然進入車內……當人們一看到這位婦女是何等人物時，他們的反應馬上完全改變。「多麼棒的人啊！」而這全都是因為這輛轎車。同樣是他們原先看見，極感不耐煩的那位婦女，五分鐘之內，所有這些人卻改變了他們的心態，因為這婦女很富有。

不必剷除或消滅這些美物，而是**在其價值的層次上，該有正確的定位。**聖十字若望來自極窮苦的家庭。在塞谷維亞時，他得向富貴人家募捐，建築修道院。財富是有用的，能用來行善；金錢本身不是壞事，重要的是我們的態度，我們應測驗一下自己的心態，至於人的天賦才能和尊榮也是一樣：這一切都可善加利用、服務近人，但仍不是最高的價值。測驗自己對事物的反應，我們能按正確的價值層次修練、定位我們的愛德。我們能修練、淨化和引導愛的能力。人們常問，為什麼聖十字若望很少說愛近人呢？因為當他在

《攀登加爾默羅山》中說愛天主時，他同時也指愛近人：這是一條大誡命。

感官也需要鍛練

爲什麼我們的感官必須受訓練呢？例如關於克制嗅覺，聖若望首先關心的是克制嗅芳香，或是愛近人呢？習慣生活在芬芳環境的人很難忍受臭味，例如在窮人家聞到的氣味。若有人十年不刷牙必教人噁心。若望的時代沒有人刷牙。若望記得梅地納傳染病醫院中的情景，那裏特別照顧傳染病的患者，其中有許多人罹患性病。他記得人們樂意捐獻，但不願靠近病人。當若望說正確運用感官時，他心中所想的是這種具體的事情。我們的感官應受訓練，不只是幫助我們更愛天主，而且也更愛近人。

現在我要來談談另一種愛，黑夜的愛，在神枯中修練的愛。只是有時修行上述的克修，爲獲得這愛是不夠的。天主親自從我們認爲好的事物中除去滿足，這是天主的陶成方法。因此，聖人引導我們達到不受自我偏向管制的愛，即純潔又無私的愛。

請深思細想，你的護守天使不會常引發你行動的欲望，但他常光照你的理智。因此，修德行不必等到感覺喜歡時，因為有你的理智就夠了。（光與愛的話語34）

讓感受跟隨理智的引導

天主充分光照我們的理智，指示我們應行的作爲，卻沒有給我們實行的興趣。甚至對神祕恩寵也能發生這種現象。有些神祕的神諭，若望稱之爲「正式」的神諭，天主清楚地告訴人該做什麼，但這人卻感到極大的厭惡。在我們內有像這樣的矛盾！可見，從依賴我們的喜愛、欲望和情緒中獲得釋放，而能按照理智的指導行事，這是多麼的必要。

> 應留意你的理智，好能實行它指給你的歸向天主之路。在天主前，其價值超越不注意理智而完成的全部工作，及你尋求的所有靈性歡愉。（光與愛的話語41）

在這些《光與愛的話語》中，聖人希望把我們愛的能力集中在本質上，即整合我們的意志。那時我們的感受也會返回，隨從意志的引導，而不是意志順從感受。西班牙有句話說：「*hacer las cosas por gusto y hacer las con gusto*」，亦即：「爲了快樂而工作，或快樂地工作」。若只因一時的興致去做某事，這是消極的。為快樂而吃是貪吃。快樂地吃是享受食物。

要深思細想，最柔美的花朵最快失去芳香，也最快凋零；因此，應看守你的心，不要以尋樂的精神行走，因為你必不能恆心持久。要為自己選擇更強健的精神，超脫一切，你將會找到豐富的平安和甜蜜，因為美味持久的果實採集於寒冷乾燥的地帶。（光與愛的話語39）

這些《話語》中，若望喜歡先給一個畫面，而後舉出原則，再來一個教導，最後又是一個畫面。前後都有畫面，當中插入二段解釋或邏輯結論。這是文學布局。若望極有文學天賦，他的筆法靈活巧妙，行文自然。處於神枯時期，愛德唯獨依賴信德生活。身處

「寒境」即是愛的時候，那時只有信德引導我們。讓我們來欣賞聖人另一段美麗的文句吧！

靈魂穿上這信德的白長衣，進入黑夜，如我們前面所說的，走在內在的黑暗和窘困中，他的理智沒有任何安慰的光明，沒有從上而來的光明，因為好似天堂已關閉，天主也隱而不見；也沒有從下而來的光明，教導他的人安慰不了他。他堅貞忠誠，不屈不撓地受苦，歷經這些磨難，卻沒有昏暈衰竭和辜負心愛主。心愛主在這些困苦和患難中考驗新娘的信德，使她後來真的能說達味說的話：「因祢口中的言語，我持守了艱辛的道路。」（《聖詠》十七篇4節）（夜2·21·5）

這就是堅定不移的信德。這段話，以西班牙文寫出的這個經句[8]：「因祢口中的言語，我持守了艱辛的道路。」概述黑夜的全部內容，同時指出靈魂由何處取得力量。

聖人沒有停止於黑夜，他的朋友們都知道，他向他們的要求極高，且向他們挑戰，然而他又是和藹可親、寧靜的人。

有則故事敘述另一位安納，即培納羅撒的安納夫人（Doña Ana de Peñalosa）。從前修女們抵達革拉納達，還沒有會院時，她打開豪宅，接待修女們住在她家，七個月之久照顧她們。有一天，若望和安納晤談時，有位修女無意間聽到他說：「***nada de nada*，虛無又虛無——即使把所有的一切全給基督，也不算什麼。**」他確實向她要求很多，但後來他題獻《愛的活焰》給她。

若望向他的朋友們挑戰，但同時深愛他們。有一次，聖女大德蘭和修女們坐在降生隱院的會客室，她說，她們發現她們的神師蠻

8. 聖十字若望通常用拉丁文引述聖經，在這一段話中，他直接用西班牙文。

嚴格的。聖人回答說：「姆姆！您漂亮地自訴己過，幾乎寬恕了自己。」若望不但要求許多，也慷慨地給予許多。他的朋友們都感受到他那親切的愛。他是他們的眞兄弟。

神化的愛

當聖人說及圓滿的愛，他的意思是什麼呢？我們來看三首涵意豐富的《靈歌》詩節。主要是二十八詩節；二十七和二十九是它的補註。里修聖女小德蘭酷愛第廿八詩節。詩中刻劃出聖人的眞相，即沉浸於愛的人，愛的神祕者：「**現在已無他務纏身，我的每個行動都是愛。**」甚至在文學上，第二十八詩節可說是傑作。首二行爲肯定筆法，次二行則爲否定句。第五行是綜合結論。

我靈已專心致志，
用盡豐盈秉賦為祂服務；
羊群已不看守，
雜務也沒有，
現在，唯獨愛是我的專務。（靈歌28）

聖若望在這裡不是說，生命如漫步怡人的草原。他告訴我們，愛的能力已變得如此強壯合一，一切事物，愉快的或不愉快的，引導我們去愛，而且只去愛。

這就好似蜜蜂，從野花吸吮花中已有的蜜，除了採蜜，不多做什麼，同樣，從靈魂所經歷的萬事中，她極容易取得愛的甜蜜。就是在萬有中愛天主。（靈歌27．8）

我們要以一句未受人注意的話作結論。這是《靈歌》第一版本中找到的。第二版本中聖人省略了這句，是有意或無意，我們不得而知。是這一句「**聖神不只使靈魂成為恩寵的溫順工具，且使他們成為教人去愛的老師**（*maestras de amar*）。」不是愛的老師（*maestras de amor*）⑨，而是教人如何去愛的老師。靈魂被賦予某種創造力，有能力教導傳授愛的技術。

9. 兩個語詞的不同在於，amar 是動詞，而 amor 是名詞。

第五章
使用媒介

這個題目和下一講有密切的關係。在此我們著重客觀性的一面：使用媒介。後來，我們要談談這媒介在個人如何內在化。

超德生活中的媒介

所謂媒介、中介意指什麼呢？我們的意思是指事情和物質，使我們得以和別人接觸。若是和另一世界，則是與天主接觸，困難在於我們面對的是兩個不同的實體。事件、中介具有天主和人之間的橋樑作用。

我們來看一件奇怪的事實。法利塞人和耶穌同樣說：施捨、愛近人、祈禱、補贖、守齋。耶穌也要求這些事，但他卻責怪法利塞人，視之為非基督徒的。這些媒介沒有帶領他們親近天主。他們希望受人稱讚。由此可知，不是使用的方法聖化人，而是超德的生活使人成聖。這是**個人和天主之間關係極親密的生活**，即信德、望德和愛德的生活。

靈修史上常有聖物被明顯妄用的現象。生活中，我們不能不用這些媒介，但我們不能讓它們成爲阻礙。明瞭必須終生使用這些媒介是很重要的事，例如：本會法律、祈禱常規、會衣、他人、聖物、聖像，就它們是能使我們達到目的的媒介而論，它們都有價值。超德的生活中，這些媒介是必須的，但卻是相對的。

聖若望確信聖體是最好的媒介。然而送聖體時，他有時略過修女們，不使她們因習慣成自然，而不覺察聖體是何等大恩。見證人說，在聖灰禮儀日，他有時不送聖體。我們問爲什麼？難道他不願人獲得恩寵嗎？不是，因爲當我們領不到聖體時，渴望自會增強，渴慕之情能使人比領聖體得到更多的恩寵。聖若望希望激起渴望，期盼在別的日子更熱切地領主。

這一切媒介幫助人達到更深的愛，更熱心準備服務和自我給予。若能如此，那麼這些是眞正的媒介。若非如此，它們將成爲障礙。人貪戀珍珠項鍊或十字苦像，二者毫無差別。二種情況的貪戀都阻止我們和天主眞正結合。

具體地說，我們知道聖若望喜歡好的圖畫。他畫了一張小小的基督苦像後深爲喜愛，夾在日課經本裏。降生隱院的安納・瑪利亞（Ana Maria）修女見了也喜愛。聖人毫不遲疑地說：「如果妳喜歡，就在這裏，拿去吧！」

逃脫牢獄前一週，他想要感謝善待他的第二位守門人。他有一個特別珍愛的小苦像，因爲可能是會母聖女大德蘭送給他的。這是陪伴他度過牢獄黑夜的唯一聖物。他送給了這位守門人。若望列眞福品的調查過程中，這位守門人仍健在，他爲這事作證。這事發生時，聖十字若望三十五歲，守門人二十七歲。

善用而不留戀於媒介

所以，若望是愛用媒介者的一個實例，但他很容易放開；他超脫而不留戀。我們生活中必須有這超德生活帶來的內在自由。如果認眞地發展超德的生活，它會給我們所需的一切力量。但如果我們把心全放在媒介和中介上，我們的心思念慮會變得狹窄。在聖十字若望的安杜漢（Andujar）手稿，即流傳至今少數的親筆稿之一，他說：「應小心，不要離開了社會的大世界後，反而在自己的小世界內找到比以前更壞的你。」

我們能離開這世界，而後進入一個小世界（**mini-world**）。聖十字若望正處於微妙的局勢中。當時盛行的敬禮雜亂無章，甚至在修院裡也是如此，充滿外在事物，即我們所謂的媒介：習俗、慣例、態像和聖像。另一方面，又有一極端的運動，返回伊拉斯莫斯

[10]，拋棄一切：只要福音，不要聖物，甚至不要聖事和聖儀。

光照派（*Alumbrados*）人士被教會法庭判罪時，有此說詞：「爲福音而起身和站立、在聖堂內其他的鞠躬、姿態全是身體的遊戲。」主基督和聖母的態像、畫像無異木頭碎片。他們說祈禱必須是心禱，不可口禱；聖堂內或團體的祈禱是障礙。屋內不該擺設聖母像；看著一位婦女，就該總是在眼前看見聖母。不需要基督苦像，這無非是塊木頭。我們聽來實在覺得古怪，但在若望當時，卻是很嚴重的事態。所以我們可想而知，他的處境多麼難，既要避免過於外在化，尤其在安大路西亞，又不可給人印象說，他是偏向這些光照派的人。

聖十字若望個人使用的媒介

10. 伊拉斯莫斯（Erasmus）：此係人名，十六世紀初的荷蘭學者，文藝復興運動的領導者之一。

安大路西亞的某個修女團體透露，聖人有次進入修院，看見聖母態像，隨即抱在手裏說：「有這態像，我能一生隱居獨處。」可見若望使用這些媒介，但他也知道如何超越媒介，把握本體。他喜愛禮儀聖歌，事實上，他愛所有的歌曲。他的旅途同伴報導，只要一離開市鎮他就會即興作曲。他愛以文詞和旋律自然地表達他靈魂內的情感。如果他的會士生病，他有時帶些樂師取悅病人、幫助他。當時的貴族家中常備有樂師，他請求他們派來三、四位年輕的樂師。當他臥病時，醫護會士也請來幾位樂師。可是當他們抵達時，聖若望說：「謝謝他們，請他們吃頓飯。」他表示「因為吾主可能說我不願受苦。」

聖人也是大自然的好友。《黑夜》的象徵幾乎全來自親身經驗。某非赤足加爾默羅會士貝拉斯各（Velasco），寫了一本若望的哥哥方濟各的傳記，書中敘述每逢夏日黃昏，若望有時去廣闊的田野，祈禱一、二個小時，躺臥在地上，注視天空。他的哥哥多次陪伴他。他愛大自然，愛夜晚和夜空的星星，無疑地根植於童年經驗。冬季時，兄弟倆就去聖堂祈禱。如果堂門上鎖，他們向管堂借鑰匙；最後，管堂和他們協議，把鑰匙放在安全的地方，由他們自行取放。兩人同是夜的好友。這些經驗塑造了若望的個性。

外在的裝飾是為了幫助人達到專注的目標

我已講過，有位革拉納達的修士作證說：「他喜歡在聖體前擺一朵玫瑰或康乃馨，我是管堂，他告訴我，天主多麼高興有這朵花。」他最關心的並不是聖堂的布置，而是人對天主的小小表示。某位卡拉瓦卡修女也證實以下這事。他擔任安大路西亞省會長時，曾有一年和修女們共同舉行聖週。他告訴她們，他已寄出一封致該省各修院的傳閱信，勸導會士應於聖週五裝飾「聖墓」，但不宜過分布置，因爲裝飾令人分散心神，然而專注奧蹟本身才是布置的唯一理由。人們應該明瞭，是主在那裏，這是哀悼的時刻。

數世紀以來，本會中有人輕看這些外在的事物。根據純克修主義而予以蔑視。這並不是聖十字若望的態度。他喜愛高雅的布置，但同時爲人嚴謹。他希望吸引人注意本質實體，而不是裝飾本身。

有則革拉納達的小軼事。若望任院長時入會的初學生作證：「我和團體共唸日課時感到困難，於是就發明我的敬禮來幫助自己。每唸完第二聖詠後，我就起來弄弄蠟燭，直到被聖人發現，他對我說：『亞倫索修士（Br. Alonso）！不要管那些蠟燭台，注意我們共聚一起的目的：祈禱。』」

上述的例子足以說明聖人自己對這些外在事物的態度。他很幸運，居住在西班牙最美的城市裏，這些城市擁有偉大的藝術寶藏：

撒拉曼加、亞味拉（Avila）、塞谷維亞、托利多、革拉納達、塞維亞（Seville）、科道瓦、培亞城、馬拉岡。無疑地，這樣的環境塑造了他的美感。

我們知道，革拉納達總主教原先不准許在該地成立男會院。阿蘭布拉（Alhambra）政府准許他們直接居住當地，後來在境內贈送他們一塊地；最後又得到供應用水。最初幾年，沒有灌溉園地的用水時，政府負責每天送來七份配給的食糧，深恐他們放棄建院。所以，他們實際上住過阿蘭布拉。

繁忙的生活勞動也能助人默觀

由於聖若望的特殊處境，使他的愛好藝術得以發展培育。但若要瞭解若望，我們必須補述其他的事。他和大自然接觸，不僅透過默觀美麗的景色，也飽受極大的辛勞：忍受酷暑嚴寒，長途跋涉，精疲力盡。擔任安大路西亞省會長期間（1585–87），他大約旅行了六千英里，視察各修院，並指導隱修女的靈修。平均每日步行或騎驢旅行十五公里。這事意義深長，我們應牢記心中。

今日我們容易說，度默觀生活困難得多，想想我們頻繁的旅行、推展使徒工作，或想想隱修女的工作重擔，這正是若望時代的正常情況。他們是默觀者，也有許多辛勞，身體勞動、人事問題、各種問題。不僅愉快處境能助人發展默觀，那要求我們有所付出、且不易付出的不如意處境亦然。

以感官作為媒介及其克修

這二個論點同屬一個主題，二者差異的多少，要看人在靈修上所達到的成熟程度而定。聖若望對於尚未達到內心自由的人，顯得比較嚴格，要求也多些。《靈歌》中，他假設讀者已具有更超脫的涵養，所以，他更寬大。

我願你們注意他的《勸言》（*The Cautions*），這會幫助我們瞭解他的生活方式，也是他推薦給我們的。他以日常生活的觀點，向埃加耳瓦略（El Calvario）的會士及貝雅斯的修女們解釋《攀登加爾默羅山》。既然因修道生活是很具體的，包含許多細節，他給他們寫《勸言》，幫助他們判斷如何自持己身。

《勸言》的目的和其他的巨著相同，即與天主結合。這部小品中，他依序論及靈魂的三仇：世俗、魔鬼、肉身，再就各仇，指出阻礙修道人，使之偏離正道的三種情形。首先三點論及世俗，第一關於外面的世界；第二關於使用修院物品；第三關於修院內的小世界。

不要忘記修道的目標

第三個勸告比前二者長達三倍，因爲它更爲重要。那勤於看報，天下大事無所不知的會士，容易養成習慣，評論一切，逐漸熱衷於這類事務。有時，修院裏的討論，眞能排滿一份瑣事迷你報，可使我們失落勇氣、靈魂的平安和收斂。要記得，羅特的妻子因回頭觀看別人發生什麼事，變成鹽柱。這是如何應用《勸言》在我們處境的例子：在進入修院的這些新聞，和與天主結合的偉大目標之間，保持平衡。

從對抗魔鬼的《勸言》中，我們取第二點來討論：長上的職務是協助或是障礙。聖女德蘭麗達單純地說（也許有些天眞）：「若更換長上，我毫不在意。這是基督，祂來來去去。」聖若望比較謹愼與溫和：

若你不在個人的感受上努力，不去介意這人或那人為長上，
你必不能成為屬神的人，也不能善守聖願。

聖人不是說，誰擔任長上對修院的福祉無關緊要。服從並不強迫我們盲目於事實。我可以說：「就我個人而言，我無所謂，但對整個團體來說，這位可能比較理想，另一位則有害。」我常向本會會士說：「爲能善守服從聖願，平安生活，我們必須學習順合五、六型的長上：冷靜型的、自由派的、也可能是壓制型的。若只習慣於某一典型，等到有所改變時，我們會陷入困境。」

對抗魔鬼的第三項勸言中，聖人說：「要歡喜別人的優點，猶如己有，盼望他們在諸事中居先。」

同伴將我們雕琢得更美麗

對抗肉身的第一項勸言命令我們：「要瞭解，你來修院是為使眾人可以塑造你、考驗你。」同一法則出現在給《某會士的勸告》中。處於相互受苦的不方便和考驗中，我們必須保持自由和獨立。天主利用同會會士作爲雕琢我們的工具。祂可能利用某位如同搥子，另一位如錐子，再一位或許像砂紙——造出最美麗的態像。我們千萬不要踢掉它，或擺出致命般的面孔，因爲我們也在別人身上製造相同的效果。我們也急著忙著雕琢別人的個性。

聖人實在太瞭解修院內的小世界：長上、同伴、我們彼此造出的不愉快處境。聖人願意訓練我們，別讓這些事情過於占有我們的生活，以致完全失去內在的平安。我們需要學習控制情緒。

讓我們來看一下，他寫給科道瓦隱院院長，萊奧納·聖佳播

（Leonor de San Gabriel）姆姆的信。這位院長犯了些過失，多利亞神父很生氣。她因爲怕他，竟至吃不下，睡不著。聖十字若望是當時的第一總參議，且很得會長多利亞神父的信任，因此她請求聖人幫助。聖人在信末說：「我的女兒！鼓起勇氣，忘掉這事和那事，用心多祈禱吧！總之，沒有比這更好的。」他先告訴她，多利亞神父並沒有惱怒。

> 展讀來函，我深深與妳感同身受，看到妳這麼受苦，使我覺得難過，因為這樣會損傷妳的心靈，甚至妳的健康。妳應該知道，我不認為妳有什麼理由這樣憂苦，因為，據我所看到的，我們的神父（多利亞）一點也不惱怒妳，而且已經完全忘了這件事；即使他沒有忘記，妳的痛悔，無疑地已使他平息。而如果還有什麼問題，我會留意為妳說好話。不要憂

苦，也不要再拿當一回事，因為沒有理由這麼做。（信22）

這裏，我們首先注意到的是對她的處境所流露的人情關懷，以及他兄弟情誼的鼓勵。〈信〉的第二部分，教給她靈修輔導：

所以，我確實明白這是個誘惑，魔鬼不斷地放進妳的記憶裏，以致該專注於天主的，卻專注於此……（信22）

聖十字若望極力強調想像的控制。我們的愉快、不愉快、或受傷只是短暫的。若持續下去，那是因爲我們在記憶中專注它。當時幾乎毫無痛苦的小事件，後來能變成災害。我們能數月之久，在那事上浪費精神，無法用在其他任何事上。

超德讓人穿透事物的表相

生活於天主的臨在中是極重要的事。與人相遇是最困難的中介。默觀大自然，可能悅樂或不悅樂我們，但我們不會因此而困擾不安，它不會影響我們。在聖體前的祈禱亦然，我們可能熱誠滿懷，或完全神枯，但聖體不會令人心亂。我們需要戴上超德的眼鏡，才能看穿事件和人，就是說，以信德和愛德透徹日常瑣事背後所隱藏的。

有一個小例子顯示出聖人最喜歡由人而來的中介。某日，聖人旅經曼查（Mancha）往革拉納達，距離馬德里約五百公里。一五七一年贏得雷潘多（Lepanto）戰役的元帥，正在那裏建築大宮殿。凡路經那地區的遊客都前去觀賞，修會會士也是。聖人的同伴對他說：「我們爲什麼不去參觀那個大建築呢？它們非常美麗。」

聖若望回答：「加爾默羅會士旅行不是為觀看，而是為了不觀看。」他又解釋說，他寧願與上主、與人交談，而不願去觀看宮殿。

然而，有封信（他最美的書信之一）中也表示他已受夠了人！這封信寫於一五九一年，馬德里會議之後，即毀謗事件開始攻擊他以後。那時他居住在培紐耶納（Peñuela）的獨修室，在卡斯提（Castilla）和安大路西亞邊界，正預備前往墨西哥。信上說：

> 儘管靈魂的景況相當貧困，但廣大無垠的曠野極有益於身靈。上主必然渴望靈魂有它靈性的曠野。很好很好，因為至尊天主已經知道我們的真相……今晨我們採集了豆子回來，早晨就這樣地過去了。另一天我們會打豆子。處理這些靜默的受造物真好，比被活人惡待好得多。（信28）

這是個間接的暗示，點出會議如何對待他。當我們不再能和人善處時，大自然的經驗和戶外的工作能有所幫助。和人相遇是非常好且有建設性的，但也使人疲乏。聖若望是很實際的人。他訴說他的獨居和靈魂的景況，非常美。以下的句子是十字若望的眞寶石：

我不知道這能維持多久，因為安道·耶穌（Antonio de Jesús）神父從培亞城恐嚇我，說他不會把我留在這裏太久。順其自然吧！當前一無所知，我過得很舒適，曠野的生活令人讚賞。（信28）

聖人擁有內心的自由。

談及愛德時，我們提出《攀登加爾羅山》第三卷。在這本書的最後部分，聖人論及各種不同的聖物和敬禮：

真正虔敬的人，使他的虔敬主要專注於看不見的對象上，他需要的態像很少，使用也少，他使用的那些聖像，更相稱於神性而非人性。他給這些聖像——也藉聖像給自己——穿上合適的衣服，相稱於來世及其情況，而非俗世的，因為，不只不讓世俗的形像惹他引起欲望，甚至不讓自己因之而念及世俗，即使眼前有看似世俗之物。他的心也不執著所使用的這些聖像，因為，如果被拿走了，他的難過少之又少；因為他在自己內尋找的活肖像，是被釘的基督，為此，他反倒欣喜於全被取走，空無所有。

這些方法和動機的事物，引導他更親近天主，甚至當它們被拿走時，他依然平靜。因爲，這些動機的事物被剝除時，仍保持寧靜與喜樂，比懷著欲望和執著占有它們更爲成全。欣喜於幫助靈魂更虔誠的那些聖像，雖然好（爲此，應該選擇更能感動人的聖像），不過，這麼貪戀聖像，據之爲己有，萬一聖像被取走，則憂傷難過，這樣就不是成全。（山3·35·5）

這是聖十字若望的風格：容易接受聖像，也容易放開。他在著作中不說自己，但舉別人爲例：

我認識某個人，十多年來獲益於一個粗製的十字架，這是以一枝聖枝製作成的，用一隻別針周圍扭曲釘牢的。這人隨身攜帶，片刻不離，直到我把它拿走。然而他卻不是一個缺乏理性和智力的人。我還看過另一個人，他使用魚的脊骨作成的唸珠祈禱，在天主面前，他的祈禱當然不會因此有所貶損。顯然可見，上述二者都不看重聖物的精製和品質。（夜1·3·2）

正確地使用禮儀

我提出另一個應極細心看待的中介：祈禱和禮儀。這也是我們最常使用的媒介。

這些人們，對實行虔敬和祈禱的方法和方式，賦予如此之大的效力和信賴，致使他們認為，如果少了某一點，或越過某些限度，他們的祈禱就沒有益處，也得不到天主垂允……更糟糕和不可容忍的是，有些人渴望親身感覺某個效果：如不是他們祈求的事應驗了，就是要知道，他們那些祈禱禮儀的目的應驗了。（山3・43・2－3）

我們看到他甚至用諷刺的語法表達：

在我們的祈求中，意志的能力和快樂應歸向天主。至於天主教會不使用，也未經核准的新發明禮儀，是不可靠的方法……如果以這樣的單純，天主沒有俯聽他們，讓他們確信，即使耍弄更多的新花樣，天主也不會應允。（山3・44・3）

關於正確使用禮儀和禮規，若望非常溫和明辨。但是，他不希望我們依戀它們，卻更願意我們度超德的生活。

當他居住安大路西亞擔任省會長時，路經科道瓦，他有意順道視察該地的修院。本來期盼午後能抵達修院，但是因爲事情的耽擱，遲遲才到，大靜默已經開始。敬愛他的兄弟們喜出望外，奔出斗室，歡迎接待他，不免喧嘩一陣！此時，院長也出來了，他非常不高興大靜默破壞了。省會長站在那裏，院長就向兄弟們說：「現在不是吵鬧的時候，大靜默已開始了。」兄弟們都等著省會長神父來糾正院長。可是聖人只說：「院長神父是對的；我們暫停相會，明天再來。」他就這樣平安地結束這場小悲劇。

我述說這件事，爲指出聖人是個具有本能、知道何時需有例外的人；反之，這位院長卻沒有這本能。若望給予媒介正當的重要性，但同時也給它應有的自由。

他常帶修士們出去戶外，使他們不覺得被關在修院內，而找機會主動離開修院。這種使用媒介的態度和方式，導引我們直接進入克修的主題。若望說：

> 當（感官的快樂）導致虔誠和祈禱時，意志不只不必逃避這樣的動心經驗，反而能從中受惠，又為了這麼聖善的修行，甚至是應該的；因為有的靈魂，感官事物非常影響他們歸向天主。（山3・24・4）

另有一例，塞維亞修院進來了一群年約二十八歲的青年。初學導師預備他們度默觀生活。他們和團體共同祈禱二個小時，初學院再加三個小時。這些青年剛剛從城鎮世俗踏入修院，他們幾乎要瘋了。這位初學導師寫信給省會長，說他有個問題，這些年輕人沒有默觀聖召。十字若望神父親自到塞維亞看個究竟。他看了看時間表，對初學導師說：

神父，是初學導師沒有默觀生活的觀念。這些活力充沛，完全沉浸於感官世界的青年，怎能一天祈禱五個小時！減掉一半的時間，讓他們去花園工作，若沒有足夠的工作，就叫他們搬石頭，從花園的這邊搬到那邊。

我們由此可知，必須逐步地訓練感官，而不是一味地消除。

神祕經驗中媒介的角色

我們繼續上一個論題。我們注意到《靈歌》中，聖人使用媒介更爲自由。第四、五、六詩節針對無理性的受造物、叢林、森林和動物，隨後三詩節針對人。他尋找受造物，不是爲了留守於其中，而是問他們心愛主在哪裏。這是超德的態度。他在尋找他所愛的上主。

> 靈魂說明了她開始走上此路的方法，為的是不再追求歡愉和享受，且要以剛毅克勝誘惑和困難，這在於修練自我認識，此乃達到認識天主的第一個重要工作，本詩節中，她現在開始上路，以認識和細察受造物，達到認識她心愛的，萬物的造主。因為，經過自我認識的修練之後，在此靈修路途上，

依次而來的首先是細察受造物。（靈歌4．1）

獲得自我認識——即一個人的主動淨化——之後，首先是對受造物的認識，在靈修旅途上默想對天主的認識，「經由受造物，細察祂的偉大和卓絕」。**靈魂和受造物談的不是他們自己，而是詢問有關心愛主的事。**

請留意，十字若望是多麼小心地用詞遣字。這個向受造物的詢問，如聖思定所說的，就是默思造物主。是以信德和愛德，讚賞天主的偉大工程。**就是愛的注視，是默觀。**受造物的美麗，不只是在自身內擁有美麗；也是因爲被天主創造，而擁有的內在美麗。這是心靈已準備妥當，且能以這種方式觀看受造物的人，才能做的默想。**風景和事物都有情緒和靈性的價值，但只是為那些能覺知的人。**

塞谷維亞修院的花園是十字若望購買、種植和設計的，凡知道其歷史又能體味這地方的人，會認定如此的價值。聖人就是像這樣，在大自然中看到天主，心愛主的行跡。**他的默觀大自然，超越純美感或多愁善感的聯想。這是超德的默觀，因為大自然和天主有關係。**若望極有能力洞察美，但更重要的是，知道他具有超德的能力，藉觀念的結合領悟超德的美麗。

為了顯示若望對藝術的靈敏，我要舉出一個見證。他在埃加耳瓦略居留一年時，習慣從那地方步行到貝雅斯，之後，他被派到培亞城，在該地著名的大學附近，建立一所學院。他憑「空」建立這個學院。工程快完成時，他請一位畫家兼雕刻家來裝飾聖堂。他的名字叫若望·貝拉（Juan de Vera），當時他是個年輕人，但已經有藝術家的聲望。當他年老時，在若望被列眞福品的調查過程中作證：

我們成了極要好的朋友。他是院長，在飯廳中，他安排我坐在他的身旁，留我在修院中吃飯，我就可以不必天天回家吃飯。他向我訂製態像。我工作時，他如果有時間就會常來看我，並幫忙我工作。他提出建議，也有他的看法。

聖人逝世後，顯了一個奇蹟，治癒了這位年輕的藝術家。他受聘於神父們，聖彌格瞻禮日放煙火時，竟弄瞎了他的一隻眼睛，他被帶到修院的房間內，但被請來的醫生說，已是無能爲力了。若望．貝拉報告說：

晚間，我向十字若望神父祈禱，對他說：「神父！當你在世時，我們是多麼要好的朋友；現在遭遇這個災難，求你幫助我。」次日清晨，醫生再來時，我突然看見光明，於是歡呼說：「光榮歸於天主，歸於祂的聖人！」

第六章
收斂心神和歸返內心

隨著這兩個特殊用語，我們進行到最後一講，收斂心神（recollection），屬於靈修生活的範圍，歸返內心（inwardness），則屬人性和心理學的領域。我們以此做爲本講的標題，希望講論超德生活的本質，以及媒介的眞正作用。

聖十字若望時代，靈修語詞中「收斂心神」的觀念

「收斂心神」這個語詞和它所指的心態，並不是從聖女大德蘭或聖十字若望開始的。這是十六世紀最常用的靈修語詞之一。

最常用這語詞的，可能是方濟各會的會士。聖德蘭是在十六世紀方濟各．奧思納（Francisco de Osuna）著作的 *The Third Spiritual Alphabet*[11] 中遇見這個語詞。古典的靈修學中，收斂心

11. 此書尚無繁體中譯本。

神無異於與天主結合。首先它描述的不是人的活動，而是天主的行動。收斂心神（*recogimiento*）、領悟（*recibimiento*）、結合（*unión*）都有完整的靈修和超德內涵。從聖人生活史的一則小軼事可知，處於關注內修生活的時代，談到收斂心神是多麼容易的事。

當時有一位貝雅斯修女，問及一個簡單的自然界問題：爲什麼在她路過水池時，青蛙總會跳入水中？聖人以超德答覆告訴她：「為指示妳，當危險臨近時，靈魂該躍入天主內。」

今日重新發現收斂心神

過去三十年來[12]，內心收斂被視爲反歷史、自我中心、個人主義，而被排斥；只有和人相遇、感官印象和自外而來的資訊才

12. 神父在此說的「過去三十年來」，照實際年代推算，指的是 1958 至 1988 年。

被視爲致富人性。這是有損靈修和修道生活的情勢，所以不久就興起了強烈的反對運動，擁護正確的收斂心神。東方超覺默想（transcendental meditation）的影響也有助於這運動。重新發現收心的過程中，聖十字若望是最吸引人的作家，愛爾蘭耶穌會士威廉·強斯頓（William Johnston）多年居住日本，他在《無聲之樂》（*Silent Music*）和《愛的內在眼睛》（*The Inner Eye of Love*）二本書中，努力喚起基督徒傳統中的收斂心神，但他也採用東方的貢獻。重要的敘述是回到聖十字若望的著作。強斯頓陳述收斂心神的必須因素：

*減少膚淺不需要的向外活動；

*專注人的深層向度，和活躍內在的能力；

*應用上述能力於個人的聖召。

其中最重要的，不是消除分心走意和心神分散，而是活躍人的深層向度。這樣不致使人失去人性，「克制」或「滅絕」這人，而是使他更具人性，更是整全的人。

渴望靜默和尋求內心如此地普及，甚而導致誤用，演變成嗜好，淪落爲市場價值。日常生活中的例子可闡明這事。聯合國組織的大樓中，哈馬舍爾德[13]建立了一間靜室（Quiet Room），使外交家作重大決定前，能有靜思的地方。現今，我們發現許多大公司也採用同樣的作風，幫助經理們和其他的人，加強活躍他們的深層向度。

著名的小提琴家耶胡弟．梅紐因[14]向聯合國教育科學文化組織呈遞聯合簽名，呼籲重申寧靜和深度生活的人權。

但人也能講論自戀式自我觀察的危險。尋求超覺默想時，使用小型便宜的腦波震動器（EEG[15]），以阿爾發、貝他、加瑪、德

13. 哈馬舍爾德：Dag Hammarsk ld 1905-1961，瑞典政治家，於1953-1961 任聯合國秘書長，曾獲 1961 年諾貝爾和平獎。
14. 耶胡弟．梅紐因（Yehudi Menhuin，1916–1999），美籍英國小提琴演奏家和指揮家，晚年主要致力於國際合作及世界和平事業。
15. EEG：Electroen–cephalography 的縮寫，字意是「腦電圖記錄」。

爾他腦波測量專注的品質。有一位心理學專家（May Mallory），曾經當過修女，在她寫有關聖十字若望的博士論文時，以這種方法來做實驗。她測驗過三十位荷蘭和比利時的加爾默羅會隱修女，在她們默想聖十字若望的著作時，檢試她們的腦波。

超德的收斂心神

聖人有一段很美的文章，敘述以上的三個因素，我們列舉如下：

> 我的靈魂現在已經赤裸、超脫、單獨，且遠離上天下地所有的受造物，又這麼深入與祢相守的內在收斂……，和祢相守在這樣深奧的歡愉中，沒有什麼能看得見我。（靈歌40・2）

「赤裸、超脱」指減少外在的事物；「這麼深入與祢相守的內在收斂」指靈魂專注於和祢相偕的內心深處；與心愛主共處，就是注意個人的聖召。

聖十字若望認為，深入己內為找到自己是不夠的；他願意進入己內尋找心愛者天主。這就是我們所謂的超德的收斂心神，這是進入和天主建立關係的收斂。聖人提到另一方面，使收斂成為超德的收斂：不僅靈魂在自己內尋求天主，而是天主已在那裏，在內心呼喚和追求靈魂。會母說牧者的呼喚吸引感官進入內心的城堡。聖十字若望寫給貝雅斯修女們的信中，提及相同的奧祕：

> 當靈魂在天主內留神，那時會強有力地被吸引向內，持守靜默。（信8）

這是另一證明，證實遠離多餘的外在事物，不會導致消滅人性，反而因內在的良友而致富個人。《靈歌》是聖人說明收斂心神，及在萬有中尋求天主的最明晰著作。有關收斂心神，他的著作中最美的是《靈歌》第一詩節的註釋。他在那裏勸告我們：

> 在妳與祂相偕的內心收斂中，享受和歡欣喜樂吧！因為妳擁有的祂這樣親近妳；要在那裏渴慕祂，在那裏朝拜祂，不要在妳的外邊追求尋覓祂。（靈歌1．8）

不是以觀察自己和好奇，而是「以信德和愛德」。「靈魂經由愛方能尋獲信德的內涵」（靈歌1．11），即是天主。

善用今日對內心的渴望是很好的。透過聖十字若望，給它超德的意義，歸向天主，更著重愛德，甚於強調觀察自己。這才能成為加深與主建立關係的向內歸返。

眞正的祈禱是愛

但是，今日有些西班牙作家，極度依賴聖十字若望，給人的印象是過分強調心理學的觀點。全神專注於放鬆身體——手指、手、手臂、肩等等，這一切使人沒有餘力祈禱。像這樣的放鬆練習可能有幫助；但是眞正祈禱的標準，只能出自超德生活和靈修。某些聖十字若望珍視的神祕恩寵，如果在EEG的測試下，會得到很差的結果。因爲很可能當靈魂正與主親密結合時，想像卻徘徊遊蕩。這種情形下，機器會發出貝他腦波，這是個不好的記號，而聖人卻會說它是個大恩寵。

祈禱的價值不可用分心走意的次數來判斷。有的人常受分心之苦，但他們是偉大的祈禱靈魂。最好的例子是我們的會母聖德蘭，小德蘭也可能是這樣。另有些人，幾乎不知道什麼是分心，卻沒有善行祈禱。因爲不分心是在於我們的專注能力，這不是人人都有的理智能力；反之，祈禱的價值在於愛的深度。

聖座已經覺察，並認清這個危險，即基督徒滿足於放鬆練習和意識擴展，只是以心理向內取代超德方式的祈禱；早在三年前，聖座已有意公佈基督徒的祈禱和東方默想方式的文件。如果我們想採納東方的修行，空虛自己的意識，我們眞該讀五遍《靈歌》第一詩節的註釋！

心理學的歸返內心

這裏所謂「心理學的」，是指人本性上的收斂過程。按聖十字若望的教導，本性和心理的過程應協助和培育超性和超德的收斂。這是他推薦的。但如果我們全集中在這些本性活動上，就沒有餘力去作眞正的祈禱。如果我們的情感或情緒熱衷於某人或某事，對於天主或神性的事也沒有餘力了。我們今日的生活，感官可以使用在過多可能的方向。我們有責任從心神分散和分心走意中解放它們，尤其是在情緒的範圍內。

> 靈魂得到的益處是令人欣羨的……靈魂避開感官事物的快樂，能從過分使用感官而墮入的分心中復原，在天主內收心斂神，護守已獲致的靈性和德行，使之增長，且持續獲得益處。（山3．26．1－2）

由於減少感官的活動，人天生的心神散漫得以治癒。如果爲愛天主而這麼做，這心理過程就是協助超德生活。這種收斂產生前述的三個果實：護守心靈和德行、使之增加和加深、並添加新的動力。順便說句有趣的話：**無論在祈禱或生活中，理智的分散不會使聖十字若望困擾**。這是心智的正常機制，大部分在人的控制之外。人的理智不能專注於同一對象超過一刻鐘，那時它會暫時分心一下。這種分心不會有害；但情緒範圍內的散漫，則是大有害處。因為它們把心由天主撤回，然而天主該是人專心的對象。

習慣性的收斂心態

有一種能維持整天的收斂方式。我們的會母和聖十字若望，他們認為在祈禱中的收斂是果實，來自一種習慣性的收斂心態。對他們來說，這不是短暫的行動，而是生活，一種生活的結構。在《光與愛的話語》中，聖人屢次談到這習慣性的收斂。

視天主為你的淨配和朋友，不斷和祂同行，你就不會犯罪，也會學習愛，你該做的事必順利成功。（68）

如果自我滿足於外在的事物，我們不能徹入真正的祈禱。祈禱的本質在於，透過所發生的一切事，高舉我們的心，歸向天主。關於口禱，聖人勸告我們：

基督沒有教導各式各樣的祈求，而是要我們時常重覆這些（即〈天主經〉的七個祈求），也要熱心和認真；因為……其中包括所有的天主旨意，和所有適合我們的事。（山3．44．4）

聖人極其看重有利於收斂祈禱的地方。這地方，應該使人立刻高舉心神，歸向天主，不教人分心或著迷。有的地方——聖堂和經堂，琳瑯滿目，惹人注意，它們的裝飾使人不能安靜。有的地方則因單純的美和樸素，適於靜默和收斂。

聖人喜愛大自然，當他找到一個地方適合收斂時，他常會回到那裏，因爲他不尋求常能留下新印象的變化。如果尋求這些，我們的注意力會離開天主，熱衷於新奇的事物。

爲幫助收斂用的書本也是如此。我們熟悉的書會更有幫助，如福音。否則我們可能出於好奇，而不是爲了完全投入祈禱而看書。這種祈禱中的習慣性收斂，貫徹整天、尤其是祈禱的時間，是和別人建立良好關係的力量來源和基礎，能使我們對人完全開放，回應他們，並在被激怒時，不反擊。

以愛注視天主

聖十字若望不用「收斂的祈禱」這詞句，它是自從奧思納，尤其經過聖德蘭成爲廣泛流行的詞句。他說「愛的注視」、「愛的單純凝視」。在他的時代，這說法聽來有點可疑，這是眞的，直到今日，聖十字若望有時仍被責怪爲寂靜主義者。在一九二六年，他被宣封爲教會聖師，這個愚蠢的謠傳才告終止。

他對「以愛注視天主」的解釋，今日被視為對天主教靈修有極大影響力的貢獻之一。在他那個時代，人們反對他說，這種祈禱沒有推理思想，消除人的最好恩賜，即理智，使人貶至野獸的境地；出版聖人的著作危險性太大，甚至連拉丁文的也是，因爲他的著作方式混淆不清，理智不明，所以他必須在註解中自作解釋，表明他所寫之詩的內涵。

爲什麼聖人如此重視以愛注視天主，理由如下：

＊ 這是從推理祈禱進入默觀祈禱的過渡時期。

＊ 有許多人，雖具有完備的超德基礎，他們的思想常常分心走意。

＊ 也有些人，他們沒有熱情的感受，由於某些靈修指導者，使他們對自己徬徨不安。

聖人解釋說，分心走意和神枯是天主允許的，使這些在黑夜中的靈魂受苦，反而是恩寵更豐富的記號。天主願意引導這些靈魂更加成熟。藉這「愛的注視」或「愛的單純注視」，聖人的用意，和會母以下所說的話，意思相同：

「我並沒有要妳們思想祂，或獲取許多的觀念……我要求妳

們的，無非是注視祂。」（全德26・3）

這樣的祈禱須有明確的判據，讓我們能分辨它的真實性。因為有多數不能默想的靈魂，自認為修行這種愛的注視，然而他們卻度著平庸的生活。在《攀登》2・13・14中，聖人給我們三個記號。第一是消極的：人感到不滿足於推理祈禱。第二，這人更滿足於對天主愛的單純注視，或朝拜，甚於其他任何努力。第三是決定性的記號：須有強烈渴望，更忠心地，認真努力於事奉天主。

卡羅・卡雷托⑯（Carlo Carretto，1910–1988）和雷內・華勞梅⑰（René Voillaume，1905–2003），都尊聖十字若望為他們祈禱生活的導師。後者對於愛的注視所作的區別和聖人相同。這愛的注視能夠是一個豐滿的經驗，例如：與天主結合的意識如此強烈，或經驗到一句經言如此美味，致使我們寧願保持靜默。單純地

16. 編按：或譯卡羅・卡勒度，是耶穌小兄弟的成員，其靈修淵源於富高・嘉祿的沙漠靈修精神，他認為在俗世的平信徒也能過一種默觀的祈禱生活。著有《城市中的沙漠》、《我，方濟》等。
17. 編按：法籍司鐸及神學家，是耶穌小兄弟會的創立者。

親臨和聆聽足矣！說話反而成爲阻礙。或者也可能是貧窮和空虛的經驗：當我們感覺如此赤貧、空虛又乾枯時，我們的心如此沉重，無言可喻，也無話可說。那時也是，單純地親臨，獻給天主我們的貧窮就夠了！就這樣單純地留在祂的面前。

豐滿經驗的幸福，或空虛經驗時的困苦，這兩種祈禱方式都會轉化我們的生命。我們能觀察到普通一般人中，不加分辨地行口禱，或作單純注視的祈禱，很快就達到默觀，但是他們不做默想。他們沒有被訓練做推理的祈禱。

附錄

聖十字若望與私人啟示

David J. Centner OCD

對於發生在全球各地的超自然事件，虔誠的基督徒有時很難了解，爲什麼加爾默羅會士不太重視。他們的心態係根源於加爾默羅會聖人的經驗和教導。

在聖十字若望的生命中，有一件事對我們很有啓發性。當會士們聚集在里斯本（Lisbon）召開會議時，有許多人希望一起去拜訪一位聞名的神見者（Visionary），聖十字若望卻寧可到海邊去祈禱，在那莊嚴澎湃的海岸頌揚天主的光榮。後來正如他所預言的，這個神見者被證實是個騙子。

聖十字若望指導許多對天主擁有崇高經驗的人。人們以為，理所當然的，他會很重視這些特殊的恩寵。事實上，他的態度完全相反；《攀登加爾默羅山》第二卷第二十二章，他引述《聖經》說明：

「但是現今，在基督內，信德已經建立，福音的法律，在此恩寵的時代已經顯明，沒有理由以那樣的方式求問，也不必如同從前那樣，期待祂說話和回答。因為，天主已經給了我們祂的聖子，祂的唯一聖言，因為祂沒有其他的什麼，祂在這獨一的聖言內，只一次告訴了我們所有的一切，祂再沒有什麼更多的要說了。⋯⋯現今凡求問天主，或渴望什麼神見或

啟示的人，不只愚蠢狂妄，也冒犯天主，因為他沒有完全注視基督，而渴望其他什麼東西或新奇的事。」（山2．22．3、5）

他繼續又說：

「在一切事中，我們必須藉著也是人的基督、聖教會和聖職人員的律法，接受人性和有形方式的引導；這些方式治癒我們心靈的無知和軟弱。從這一切中，我們會找到豐富的藥材，得到痊癒。凡遠離此路的人，不只心懷好奇，而且異常傲慢大膽。以超性方法進來的事物，如我所說的，除了人者基督⑱，及祂那也是人的聖職人員的教導，什麼也不要相信。」（山2．22．7）

18. 人者基督 *Cristo hombre*：這是中文很難翻譯的詞句，意思是作為人的基督。聖十字若望在此強調基督的人性，祂也是人，因此把這兩個名詞放在一起，也可說是降生成人的基督。

上述是非常強烈的措辭，然而教會宣封聖十字若望爲聖師，並且引述這段文章在誦讀日課中，告訴我們這個教導是聖教會的道理。

在今日，有許多人危言聳聽，不信任教會的聖統和聖職人員。取而代之的是，他們轉向神見者、神諭者，尋求他們的引導，甚而傾心於他們的說詞，竟至擯棄教會的明確教導。

在某些個案中，這些神見顯然是騙局；因爲他們的訊息中有些部分相反信德。我們記得，當某神見者說出聖若瑟是聖神降生成人時，她的一批門徒即刻煙消雲散。有的時候，是在許多美好的道理中混雜微妙的錯誤，彷彿是德行，幾乎無法被覺察；但漸漸的，它們產生很壞的果實。大致上，這些神見者只不過重述我們從要理問答和探討信仰道理中所獲知的。這些道理可能完全無懈可擊，然而聖十字若望仍然反對轉向他們。因爲坦白地說，如果不是來自天主的，卻視之爲由天主而來，就是偶像崇拜。由此觀之，我們才能開始懂得聖十字若望那看似嚴格的態度。

讓我們再回來看看，我們所知道的這個基本眞理：天主如何通傳祂自己給我們——祂經由信德，亦即經由三超德中的信德。當我們接受教會的教義訓導時，我們接受信德，然而信德的內涵卻不能因此而降低到受造的層面。只有人而天主的基督能通傳給我們天主的臨在。可是當天主在信德內，以「實體」的方式對我們說話時，如聖十字若望所說的，沒有任何受造的觀念可以介入。我們的意念留在「空虛」之中，如同至聖者天主，充滿天主的神性臨在。套句聖十字若望最愛說的話：對天主沒有「清楚和分明的認識」，即是天主。

那麼，這又是怎麼回事呢？

當天主通傳自己給我們時，祂的臨在可以流溢到意識中，為此我們經驗到話語、觸動、感受或其他可感覺的通傳。然而，這樣的流溢並非天主，而是一種天主臨在的「翻譯」，我們不能擔保在意念中所領悟的是圓滿的「翻譯」，完全譯出天主臨在的眞理，或只譯出天主願意傳達給我們的眞理。其中必然摻雜許多自己無意識的廢話；再者，這些神見和直覺的典型模式，非常接近作夢的形態，彷彿乍醒之時的夢境。天主可能臨在，但是許多時候是我們臨在其中。靈魂經驗到一種靈性的「普遍刺激stimulus generalization」。（借用心理學的用語）

當我們得到一個強烈的內在經驗時，感官希望也能有所感覺，結果我們體驗到感官的刺激。正如聖十字若望在《黑夜》中指出的，這些感官的流溢通常包含許多的罪根。

如同哲學家所說的，無論所領受的是什麼，乃根據領受者的模式而領受。如果我是一個愛生氣的人，當我從祈禱中出來時，我可能確信天主正對這個世界發火。我們會像孩子一樣說：「媽媽正在氣我」，而實際上，媽媽只是很關心我。更進一步地說，我們愈是透明（或者說，消除了罪惡和錯亂偏情的痕跡），則愈少經驗到這些神見。因為它們彷彿塵埃或煙霧，使房間內的光明清楚可見，同時也因之而阻礙光線的穿射。所以，經驗到如此的神見和神諭，實際上乃根源於靈魂的不成全，並非是德行的標記。為此之故，最重要的，得到這些經驗的人要向神師報告，絕不可聽憑經驗來主導。如果這神見者是真的，那麼還會有多少的跟隨者，及躍躍欲試的神見者呢？

聖十字若望的基本原則是對之不加理睬，並且要更親近基督，更忠心於透過聖職人員爲中介的教會訓導。然而，有的時候，當私人的啓示可能清楚地說天主願意傳達某些事給教會，在這種情形下，這個啓示可說就是《聖經》上所謂的預言。

《新約》中的預言神恩，根據最好的神學家的意見，有兩個目的。首先，預言提醒我們在信德方面的疏忽，或責備我們遠離天主的旨意。根本上，這兩種情形的預言都是召喚我們歸向天主聖言。像這樣的顯現，例如聖女瑪加利大・瑪利亞，或瑟納的聖女佳琳，她的使命是把教宗帶回羅馬。預言的第二個目的，是幫助教會在某一特定的時刻明白天主顯示的旨意。這可能是一個先知性的訊息，去向萬民傳布福音。然而第二種預言的作用絕不能在福音的基本訊息上添加什麼，並且必須得到教會欽定的批准，以之作爲人性的憑證。這種預言絕不是信仰的對象。

當教會承認一個顯現，或批准某個敬禮時，只是加以許可而已，絕不勉強人信奉。教會甚至不保證其眞確性。我們可以善用這些顯現和敬禮，用來幫助我們更親密地跟隨基督。然而，如果我們愛之過甚，竟而取代了基督的福音，它們甚至會變成阻礙。《聖經》是天主聖言，基督藉《聖經》對我們說話，就像祂在聖體聖事中的奧祕臨在。

有一件關於瑟納聖女佳琳的聞名事件，一位司鐸想試探她，帶給她未經祝聖的麵餅作爲聖體。聖女非常驚駭，責備神父冒犯崇拜偶像的罪過，因爲把普通的麵餅當作基督的眞實臨在而崇拜。同樣的，對於不是出自《聖經》的話，我們絕不能以之爲《聖經》中的天主聖言，加以欽崇朝拜，這就如同敬禮未經祝聖的麵餅一樣。

在《舊約》中，天主禁止有任何直接代表祂的事物。當以色列在撒羅滿王死後分裂爲二時，以色列王最大的罪過是設立兩座王家神壇，和耶路撒冷的聖殿對峙。他在神壇上設置金牛犢，沒有人想牠們所代表的是虛假的神明，或想牠們是雅威的完全代表。事實上，至聖者天主是空虛的⑲，凡眞愛天主的人，也必須在他的「至深中心點」空虛每一個由人創造出來的象徵。事實上，我們能崇敬基督的至聖人性，祂是眞人，因爲藉著降生的恩寵，祂是眞天主的眞實人性，只有耶穌是天主聖父的可見形象。

那麼，我們要如何回應預言的訊息呢？

聖十字若望教導說，天主把亞郎給了梅瑟，除非有來自理智的聲音，我們不該聽憑超性的通傳而行事。

「因為天主這麼喜愛的是，藉人來治理和指導人，及人必須被本性的理智管理，天主絕不希望我們完全信賴祂的超性

19. 意思是沒有任何的象徵足以代表天主。聖十字若望在《攀登加爾默羅山》中說：「天主命令約櫃的中心是空的(出廿七 8)，用以提醒靈魂，若願意成爲天主樂於居住的殿宇，天主希望他怎樣地空虛一切的事物。」(山 1・5・7)

通傳，或確認它們的力量和安全，除非經過人的口舌，這人性的管道。所以，往往當天主向靈魂說或啟示什麼，祂也給這靈魂一種傾向，亦即告明妥當的人。還沒作妥當的告明之前，他通常得不到完全的滿意，因為他沒有從另一個人，如同他自己一樣的人，領受教導。」（山2．22．9）

至於聖女大德蘭，如果在祈禱中天主要她做一個特別的工作，比方說，去創立新的隱修院，她會把這個構想呈報給長上，如同要完成一個善舉，讓他們根據事情本身的價值而做決定。如果長上做出不同的決定時，例如創立博格斯（Burgos）新院，她知道服從長上的決定是更好的，而且也更悅樂天主。關於這事，她確實符合聖十字若望所教導的原則。

當若望說到本性的理智時，他說的不是理性主義或個人的意見。其實，他所說的是教會的神學省思，而地方教會的神職人員則爲教會。

「這正是謙虛靈魂的特色：他不敢獨自與天主交往，沒有人的管理和指教，他也不能全然滿意。像這樣，正是天主所願意的，因為祂靠近那些相聚一起商討真理的人，為在本性理智的基礎上，證實並確定真理。……因此，在福音中，上主也說：……那裏有二、三個人聚在一起，關心什麼是我聖名的更大榮譽和光榮，我就在他們中間，就是說，在他們心中說明且確定天主的真理。……這是為了說明，天主不希望有人單憑自己，相信個人的經驗來自天主，或沒有透過教會或聖職人員，而確認或肯定它們。因為對這樣孤單者的心，天主不會賦予真理的明晰和確認。像這樣的人，對於真理，必

會處於虛弱和冷淡之中。」（山2・22・11）

這個真理就是說，加爾默羅會的靈修是曠野的靈修，是特別屬於天主的曠野，天主用來淨化祂的人民，不再貪戀他們的偶像。我們加爾默羅會士應該效法厄里亞的芳表維護信德，不因虔誠貪戀任何非天主的事物而遭汙損。

如果閱讀《攀登加爾默羅山》的第三卷，你會清楚地看到，貪戀任何非天主的事物，帶給人極多的危險。

誰是唯一？

至於我的看法，在今日的教會裡，它們最大的毒害，就是讓我們認定某方式是唯一的，或是最高妙的，若是有人不同意我們的意見則是錯誤的。它們以巧妙的方式分裂教會的團體，製造黨派，引人注意它們，暗中破壞教會的正規教導。某一作家說得眞好，稱之爲「魔鬼針對虔誠者設立的圈套」。

聖保祿早就告訴人們，有一個比追求奇異特恩更好的方式，這個方式就是追求愛德。聖十字若望也告訴我們，有一個比尋求特異知識更好的方式，這就是認識基督，祂是被釘的基督。再也沒有其他更好的方式了。

（摘譯自 *Carmelite Digest* Vol. 15 No. 3 Summer 2000）

慶祝
聖女大德蘭
五百年誕辰

新譯加爾默羅
靈修經典

愛的活焰
The Living Flame of Love
聖十字若望◎著
加爾默羅聖衣會◎譯

聖女大德蘭自傳
Teresa of Avila: The Book of Her Life
聖女大德蘭◎著
加爾默羅聖衣會◎譯

兩種心靈的黑夜
The Night of Soul
聖十字若望◎著
加爾默羅聖衣會◎譯

聖女大德蘭的全德之路
The Way of Perfection
聖女大德蘭◎著
加爾默羅聖衣會◎譯

攀登加爾默羅山
The Ascent of Mt. Carmel
聖十字若望◎著
加爾默羅聖衣會◎譯

走進倫敦諾丁丘的隱修院
Upon This Mountain
瑪麗・麥克瑪修女◎著
加爾默羅聖衣會◎譯

聖女大德蘭的靈心城堡
The Interior Castle
聖女大德蘭◎著
加爾默羅聖衣會◎譯

聖女大德蘭的靈修學校
St. Teresa of Jesus
賈培爾神父◎著
加爾默羅聖衣會◎著

星火文化購書專線：02-23757911分機122

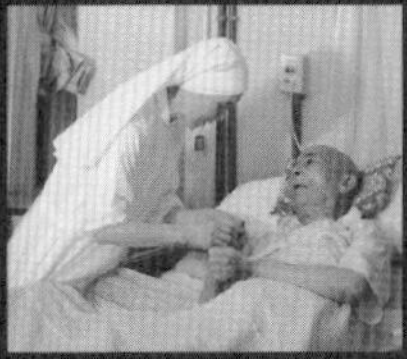

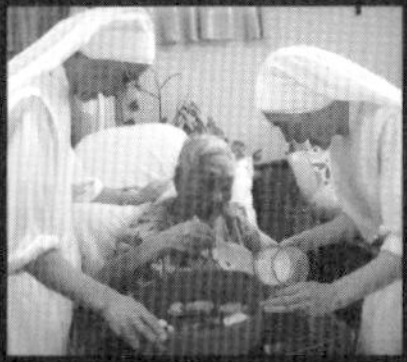

國家圖書館出版品預行編目（CIP）資料

愛，永遠不會滿足 / 費德立克 . 路易斯 . 沙爾華多神父
（Fr. Federico Ruiz Salvador）著；
加爾默羅聖衣會譯 — 初版 . — 臺北市：
星火文化，2016.05
面；　公分 . —（加爾默羅靈修；13）
譯自：St. John of the Cross : the Saint and his teaching
ISBN 978-986-92423-4-9（平裝）

1. 聖十字若望（John of the Cross, Saint, 1542-1591）2. 傳記

249.9461　　　　　　　　　　105005676

加爾默羅靈修 13

愛，永遠不會滿足

作　　者　費德立克．路易斯．沙爾華多神父（Fr. Federico Ruiz Salvador）
譯　　者　加爾默羅聖衣會
執行編輯　陳芳怡
封面設計　Neko
內頁排版　Neko
總 編 輯　徐仲秋
出 版 者　星火文化有限公司
地　　址　台北市衡陽路七號八樓
電　　話　（02）2331-9058
營運統籌　大是文化有限公司
業務經理　林裕安
業務專員　陳建昌
業務助理　馬絮盈・林芝縈
企畫編輯　林怡廷
讀者服務專線：（02）2375-7911 分機 122
24 小時讀者服務傳真：（02）2375-6999
香港發行　里人文化事業有限公司 “Anyone Cultural Enterprise Ltd.”
香港新界荃灣橫龍街 78 號
正好工業大廈 25 樓 A 室
電話：（852）2419-2288
傳真：（852）2419-1887
印　　刷　韋懋實業有限公司

2016 年 5 月初版　Printed in Taiwan
I S B N 978-986-92423-4-9　定價／240 元